S sym 1
for chamber ensemble
or chamber orchestra

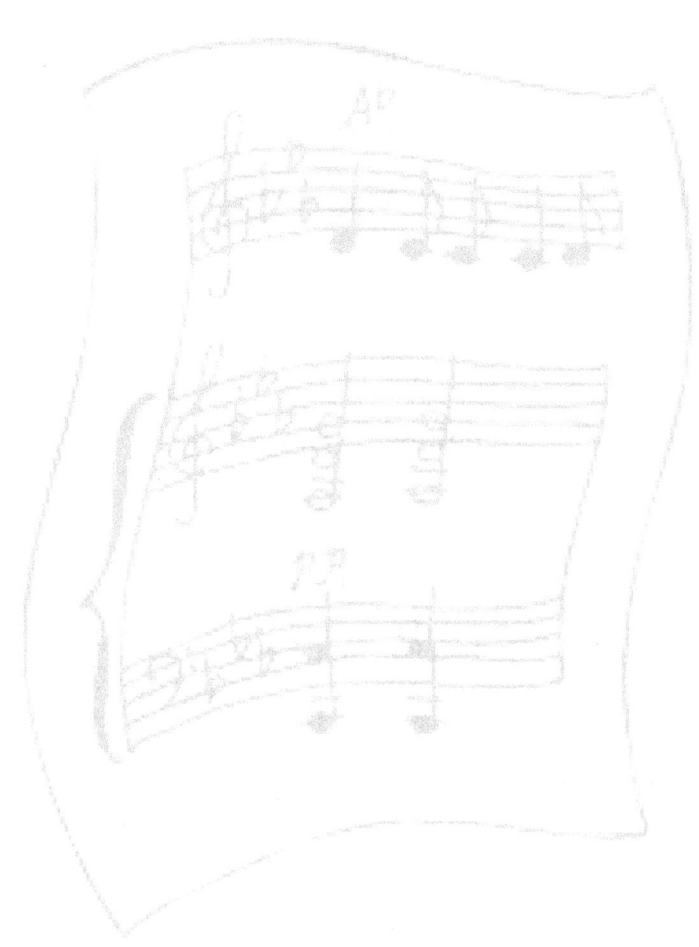

Duration: 8 minutes 21 seconds
ISBN 978-90-78808-18-3
© 2013 Uitgeverij Muz
www.uitgeverijmuz.com

Chamber ensemble (minimum):

Flute

Oboe

Bes Clarinet (no trumpet)

F Horn

Violin I

Violin II

Viola

Cello

Chamber orchestra:

Flute 1 + 2

Oboe 1 + 2

Bes Clarinet 1 + 2

Bassoon 1 + 2

F Horn 1 + 2

Bes Trumpet 1

Percussion

Violin I

Violin II

Viola

Cello

Contrabass

S sym 1

Joost de Groot

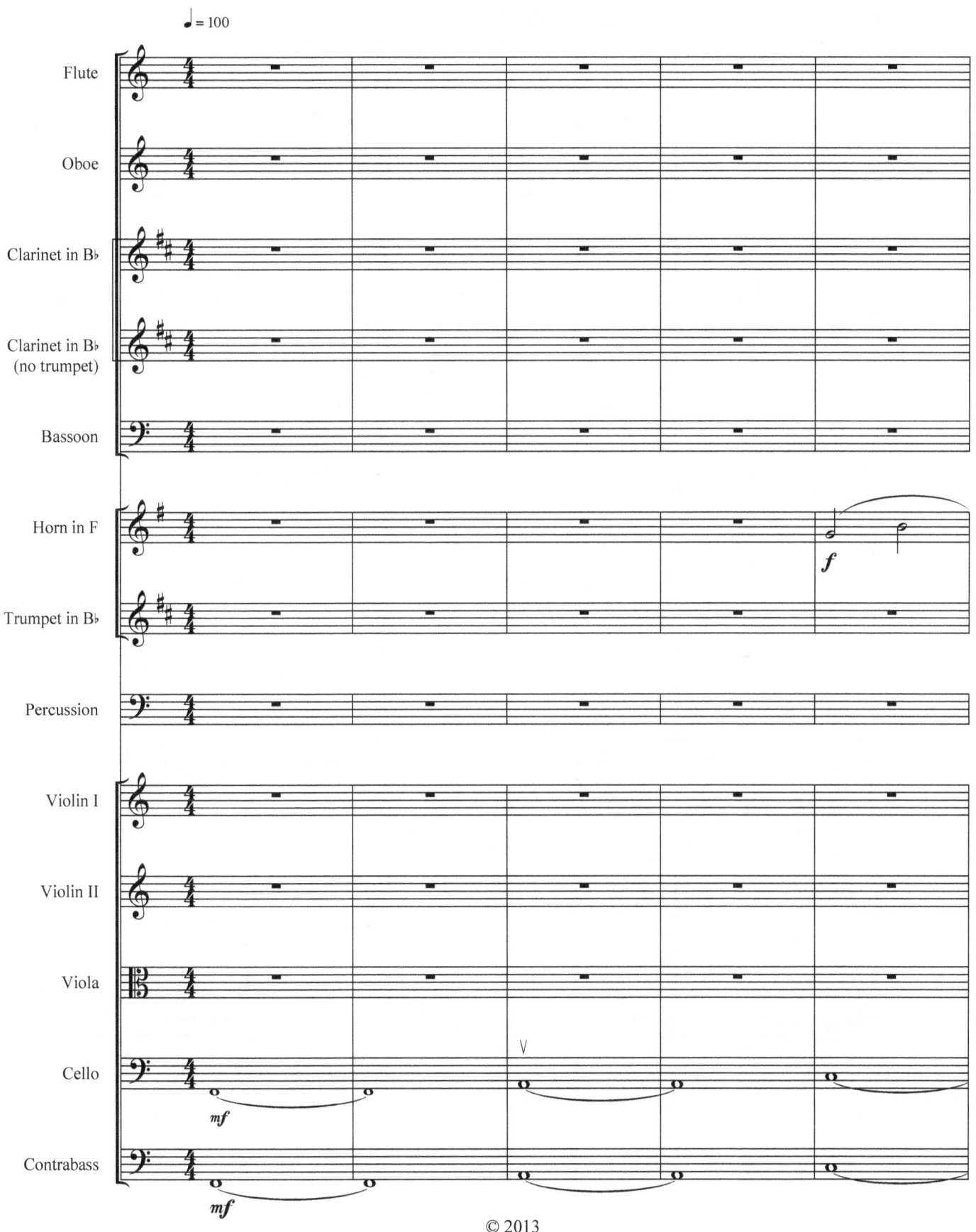

© 2013

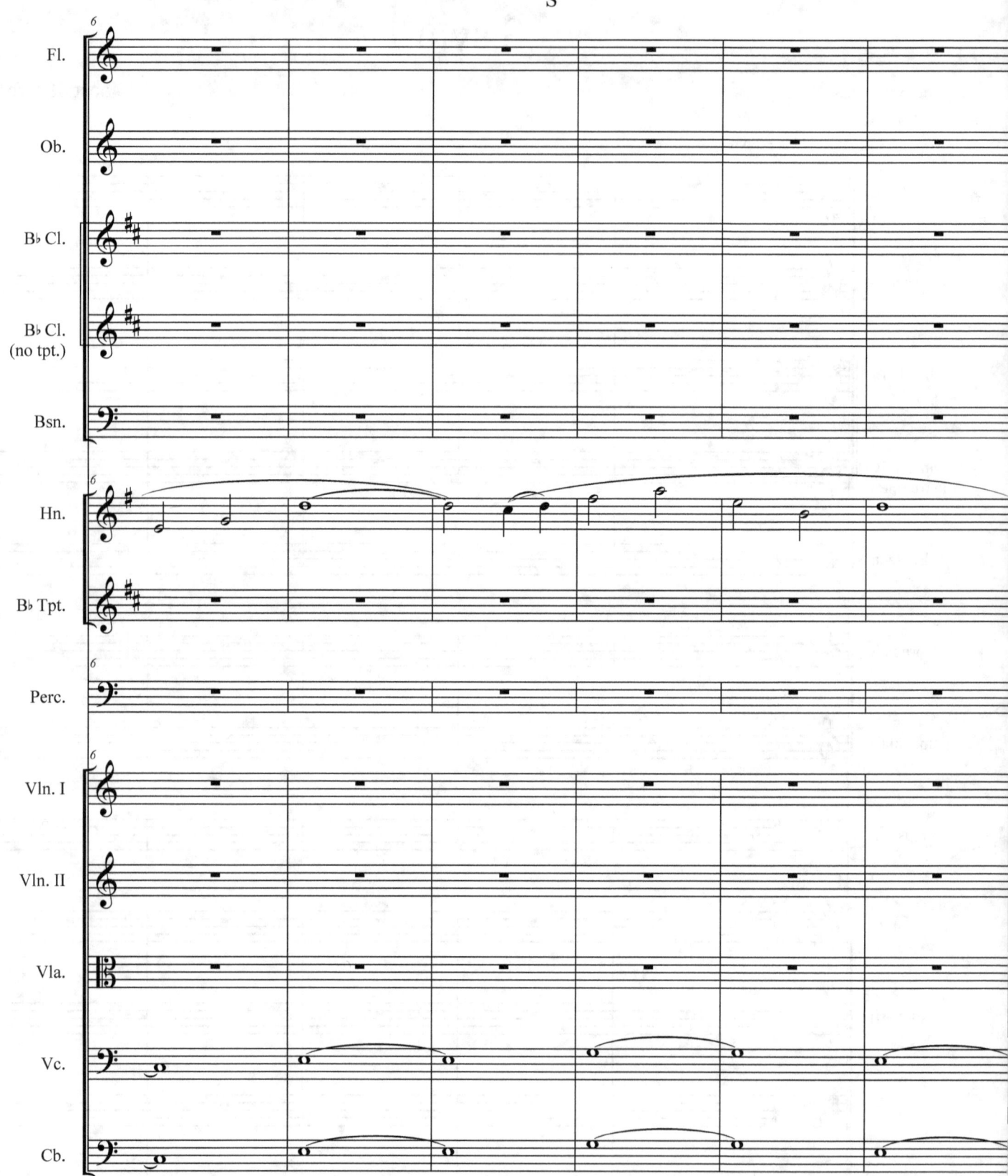

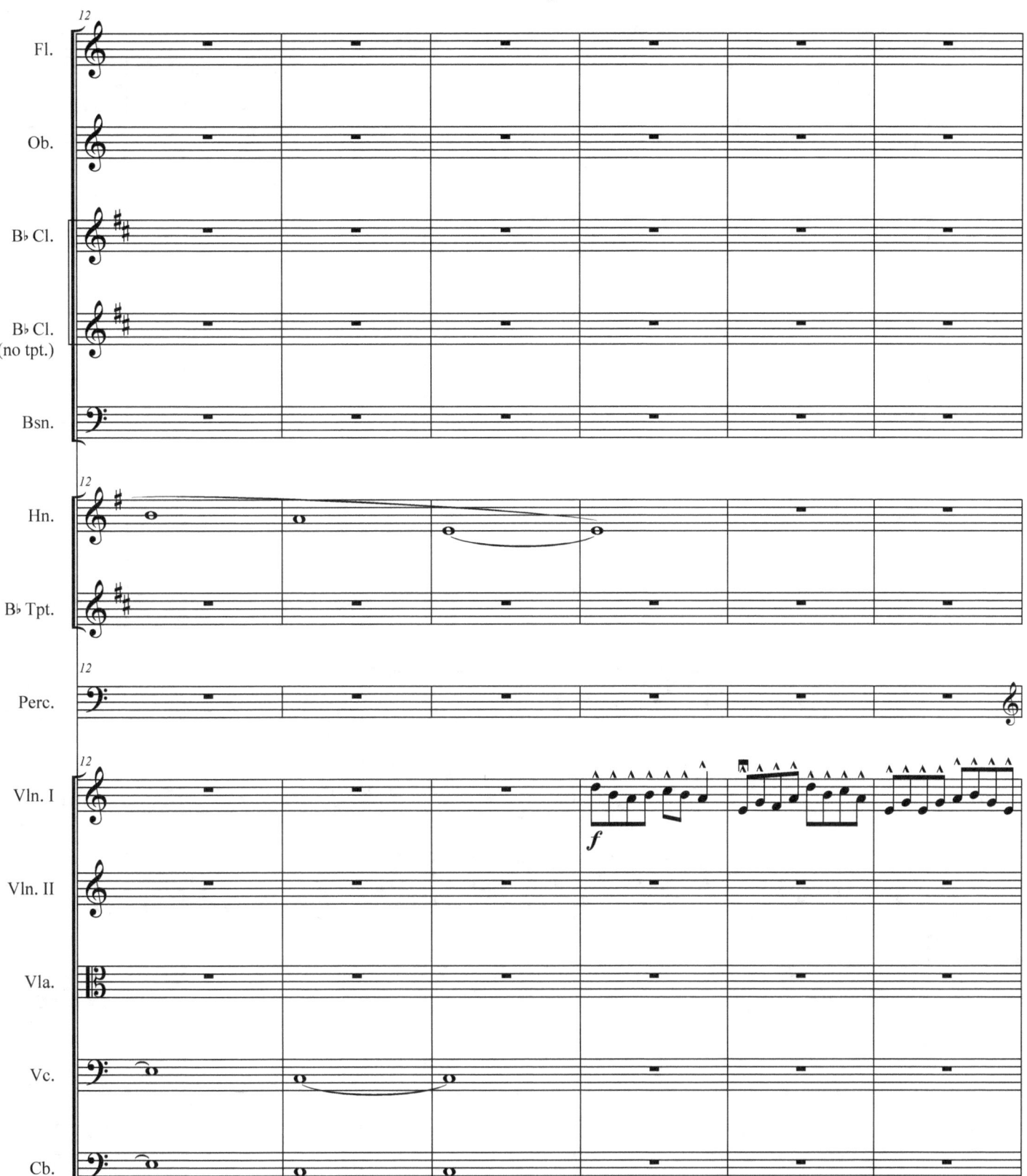

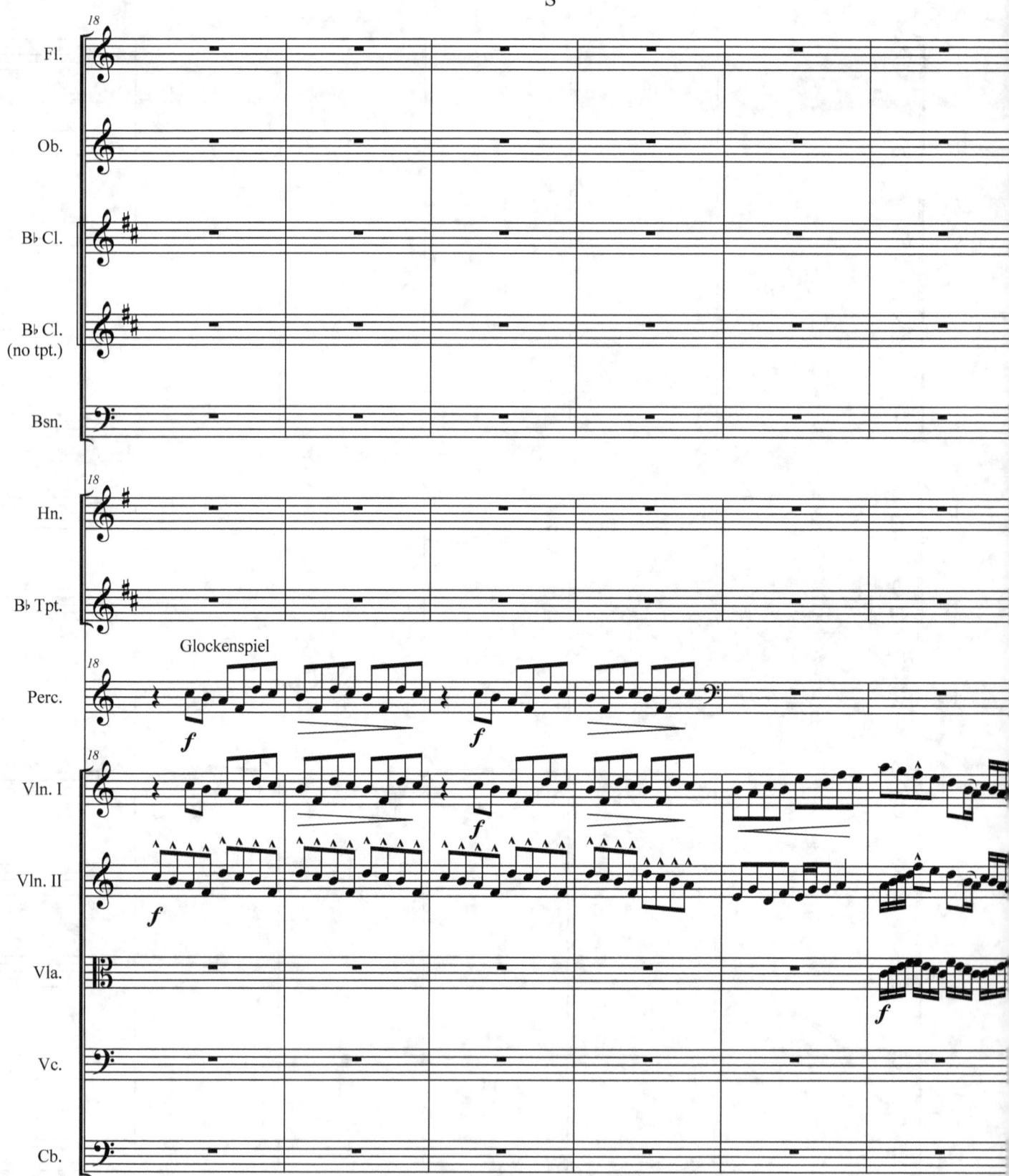

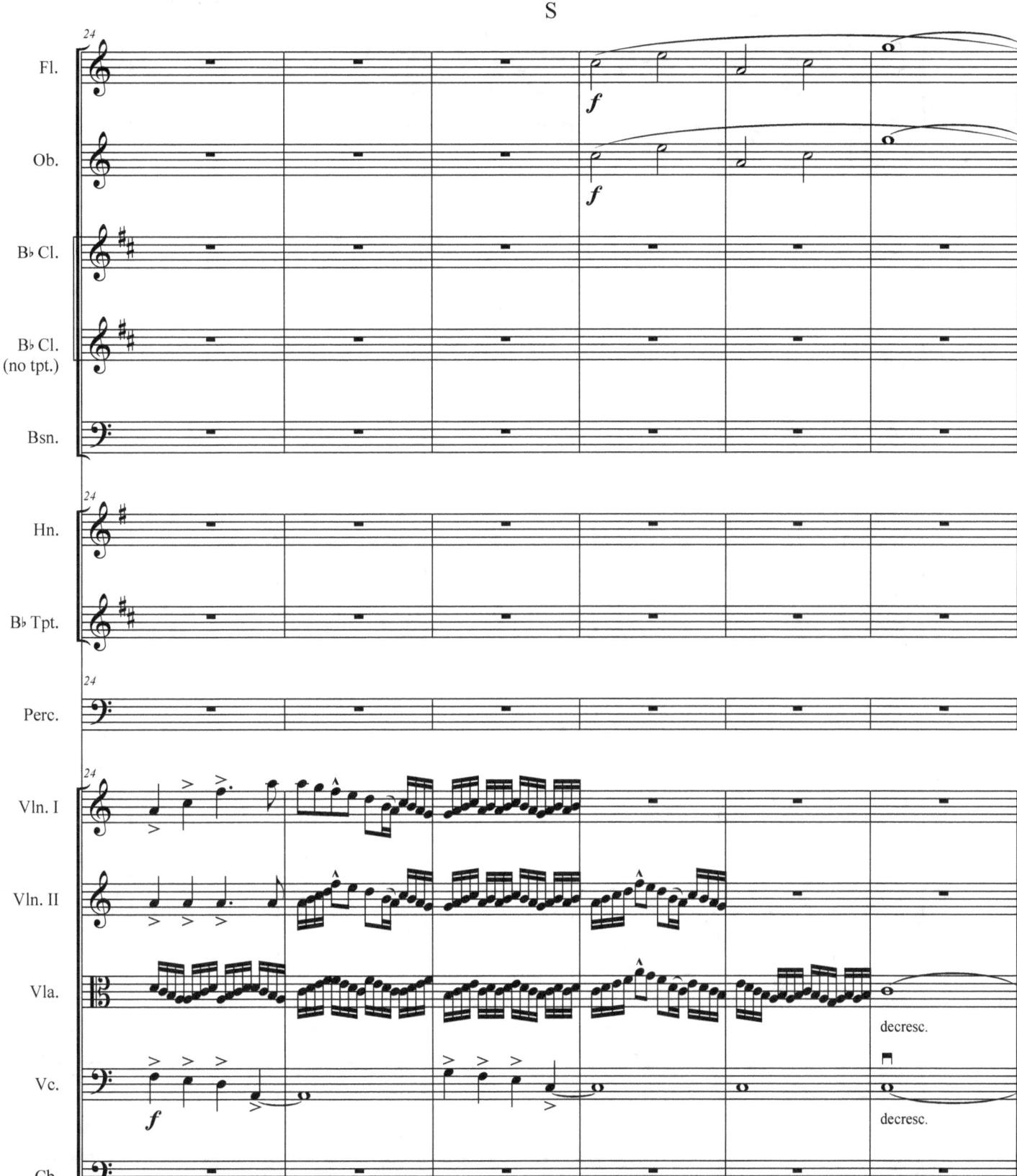

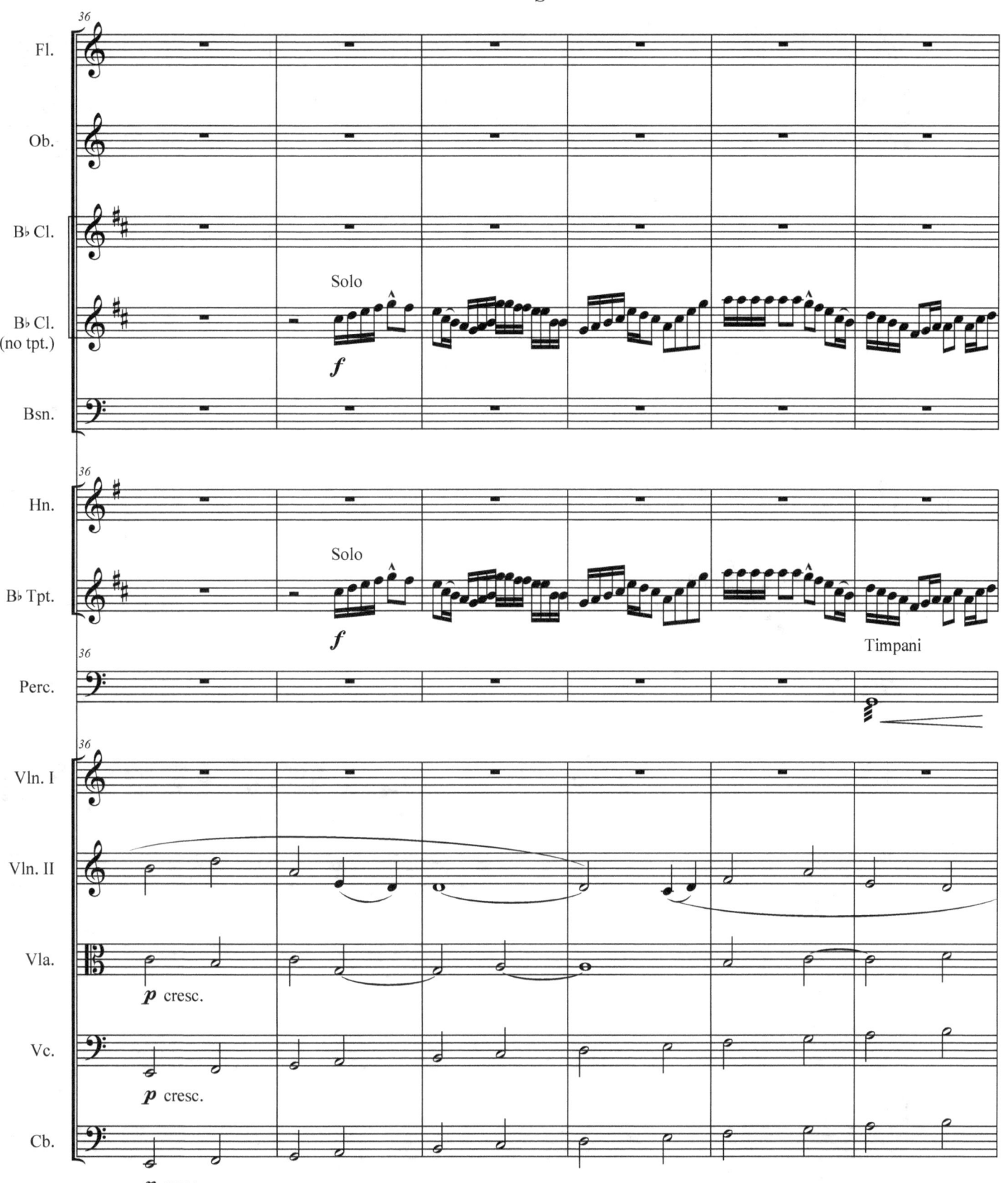

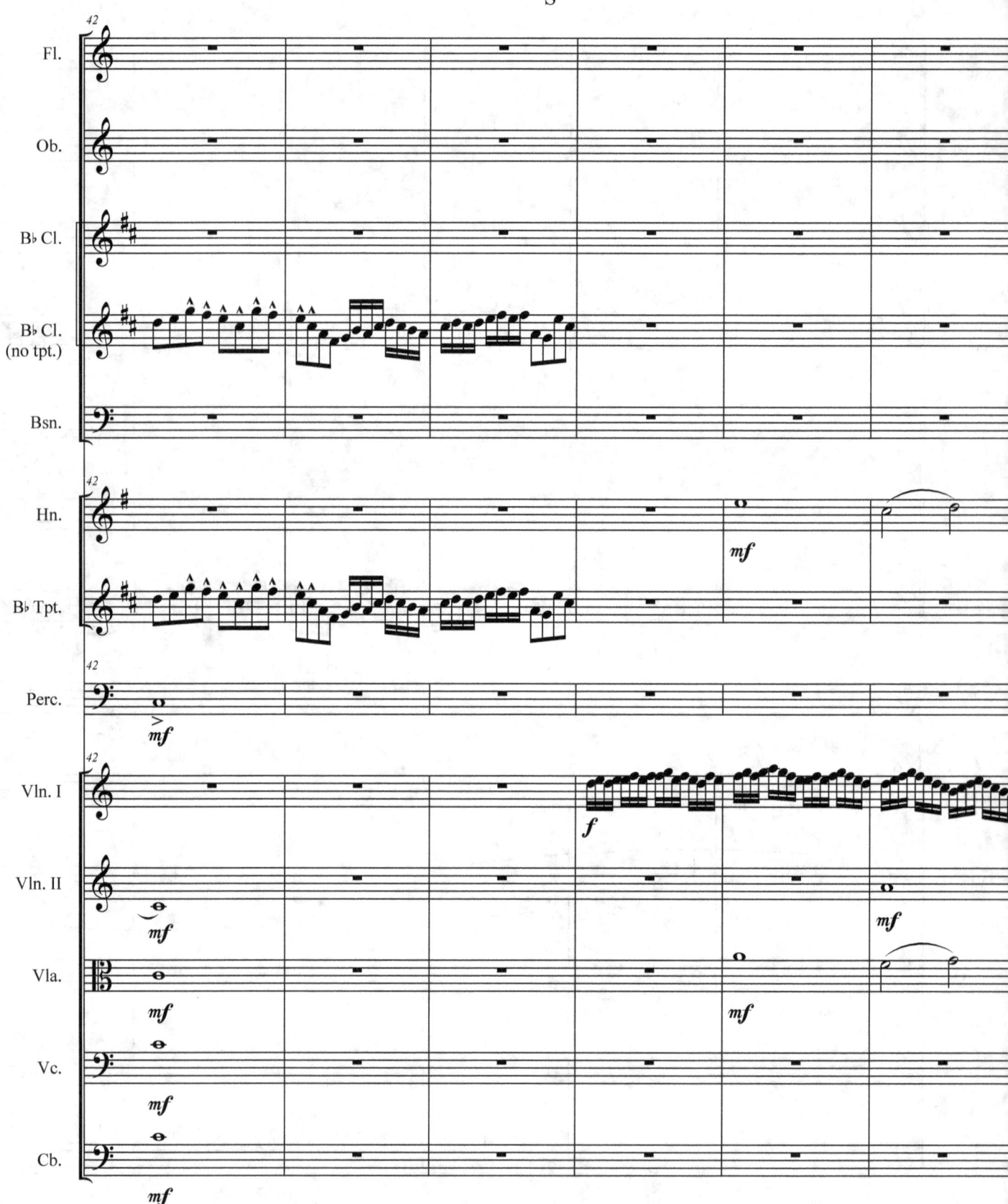

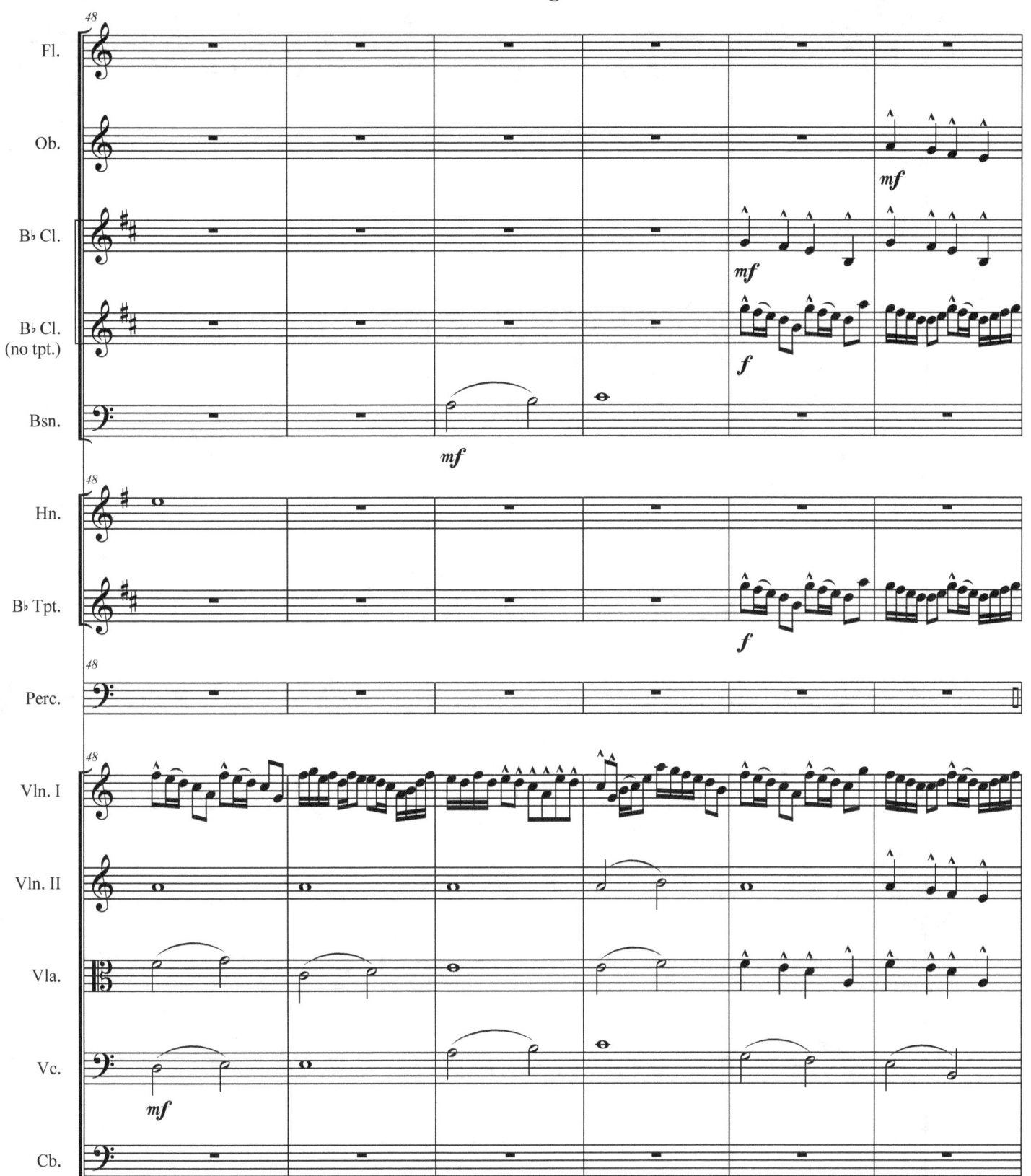

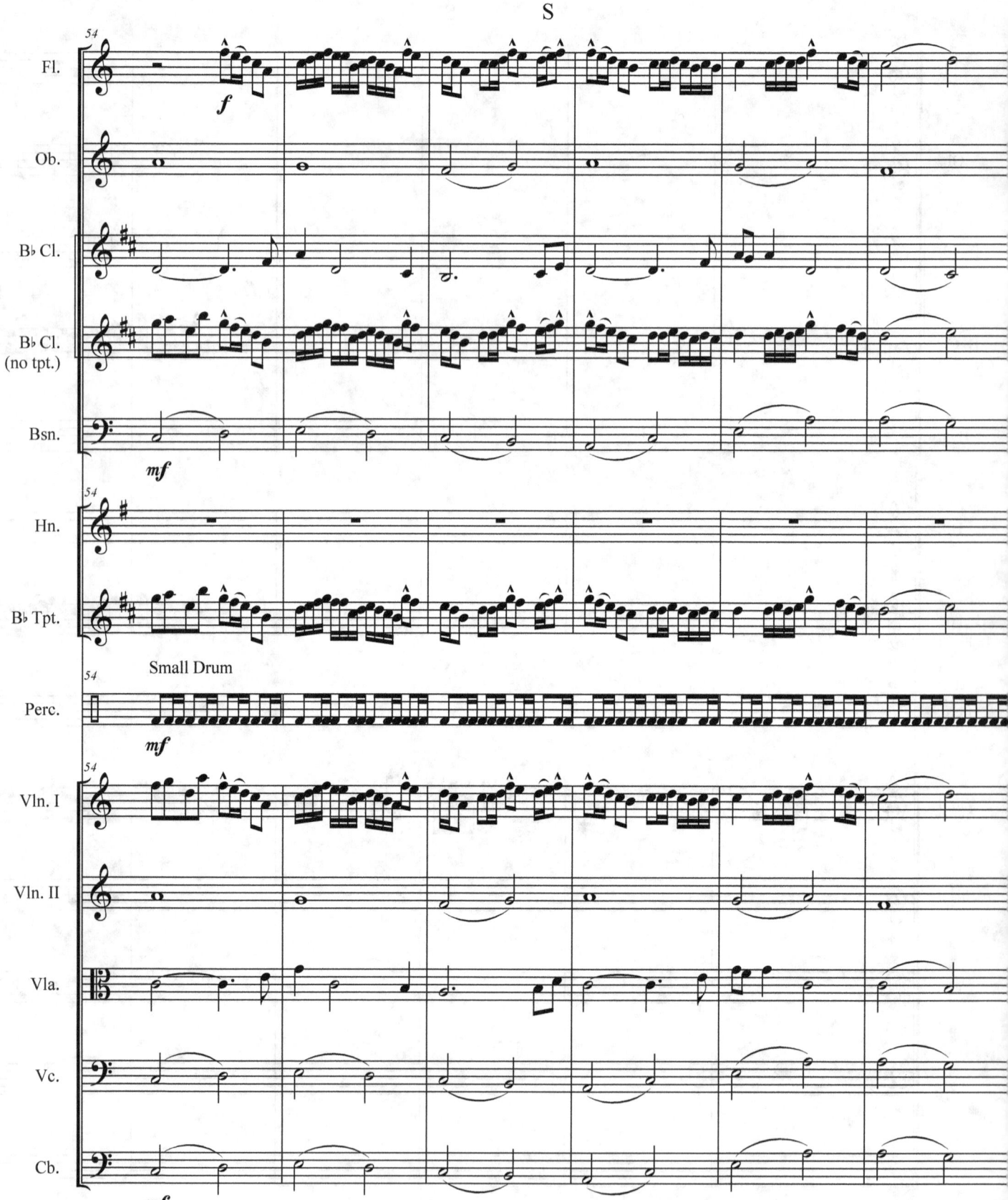

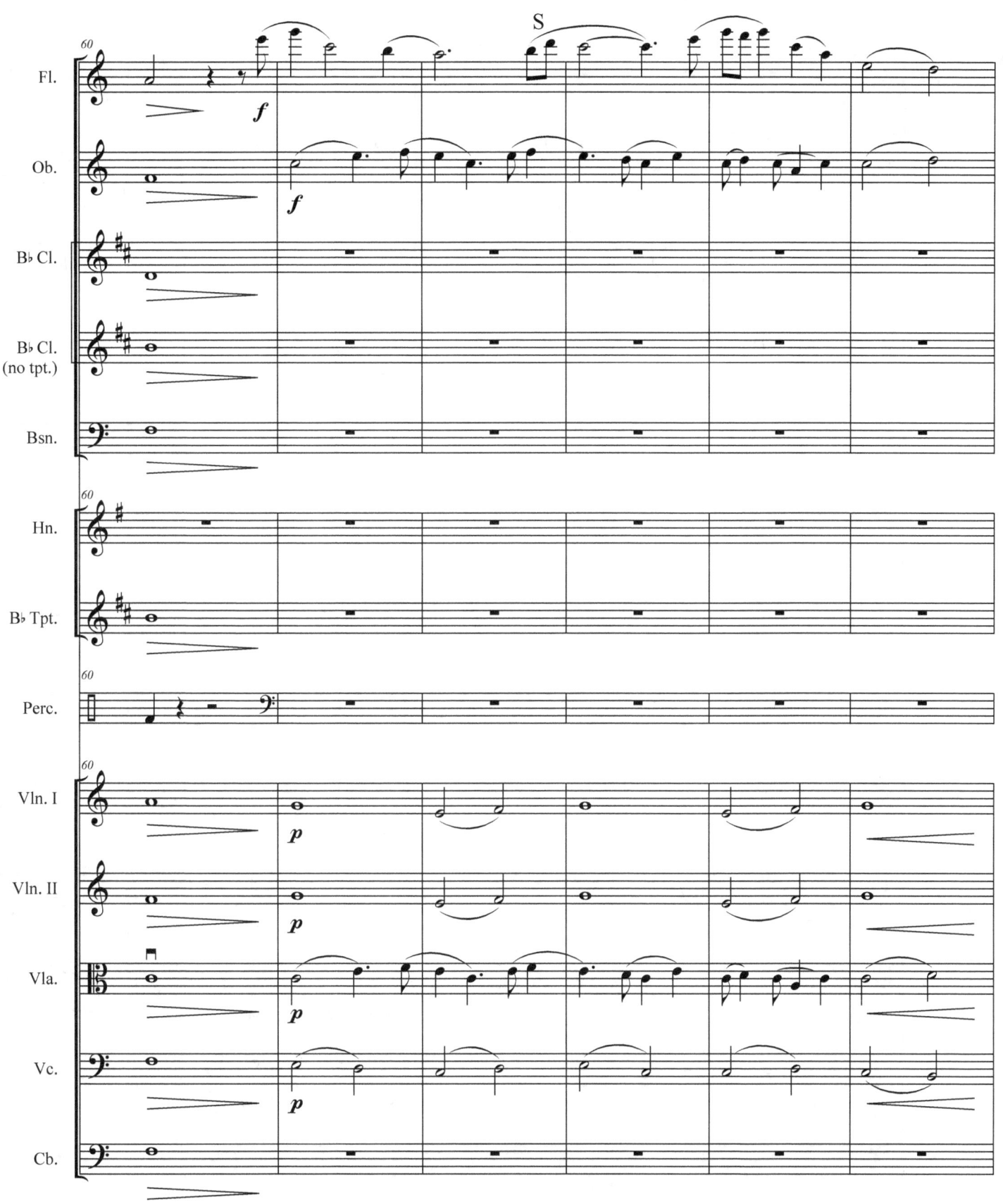

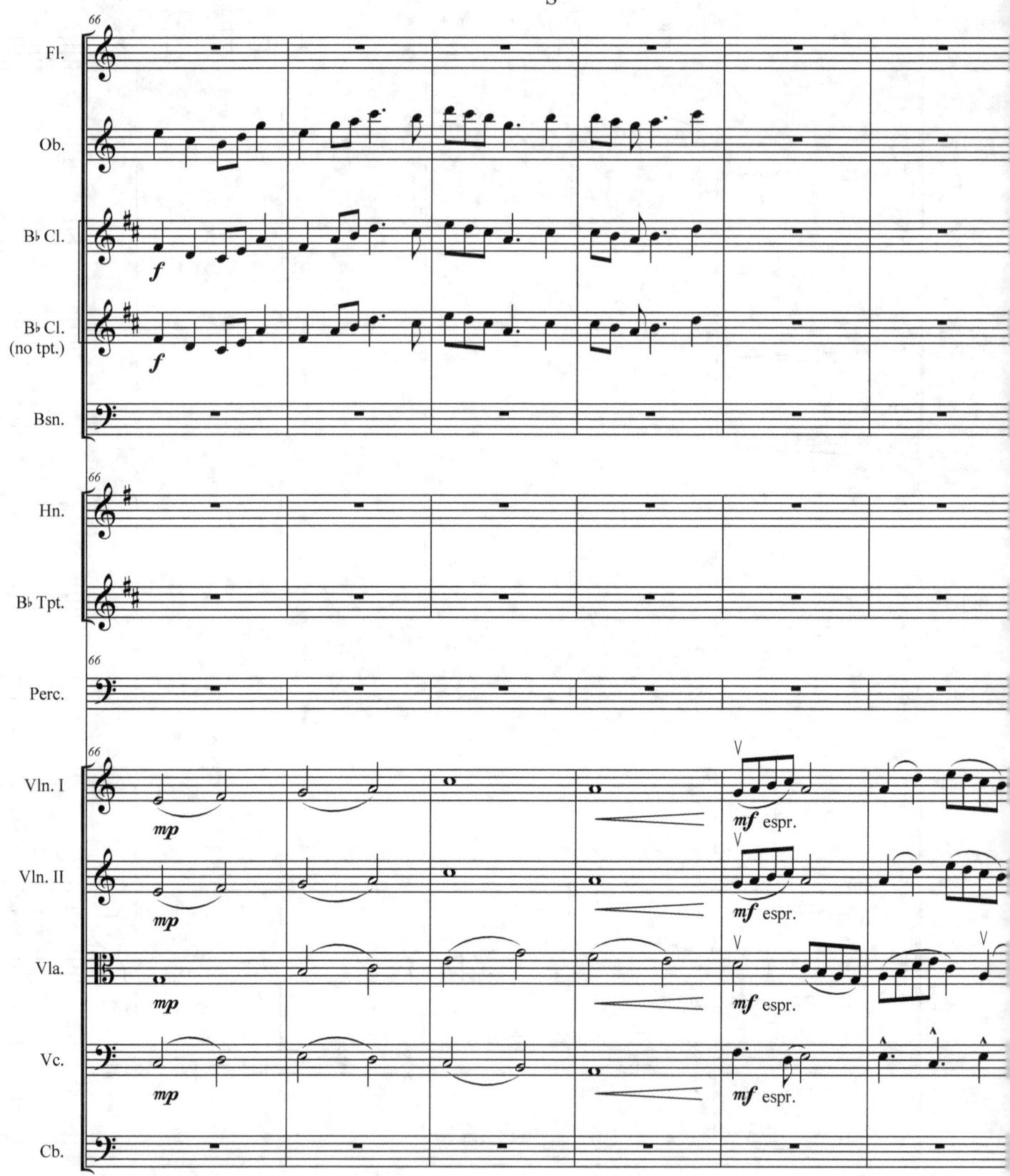

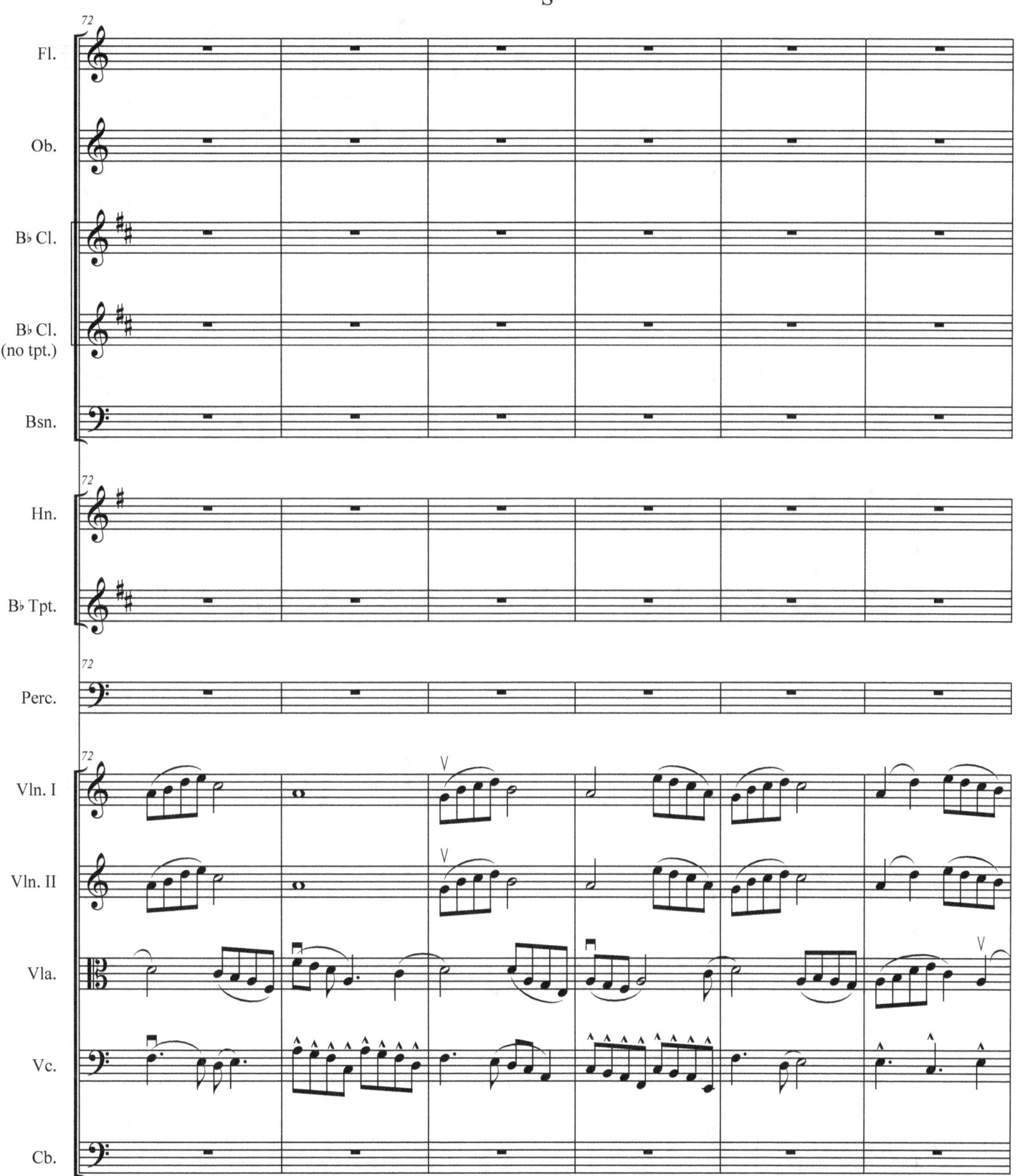

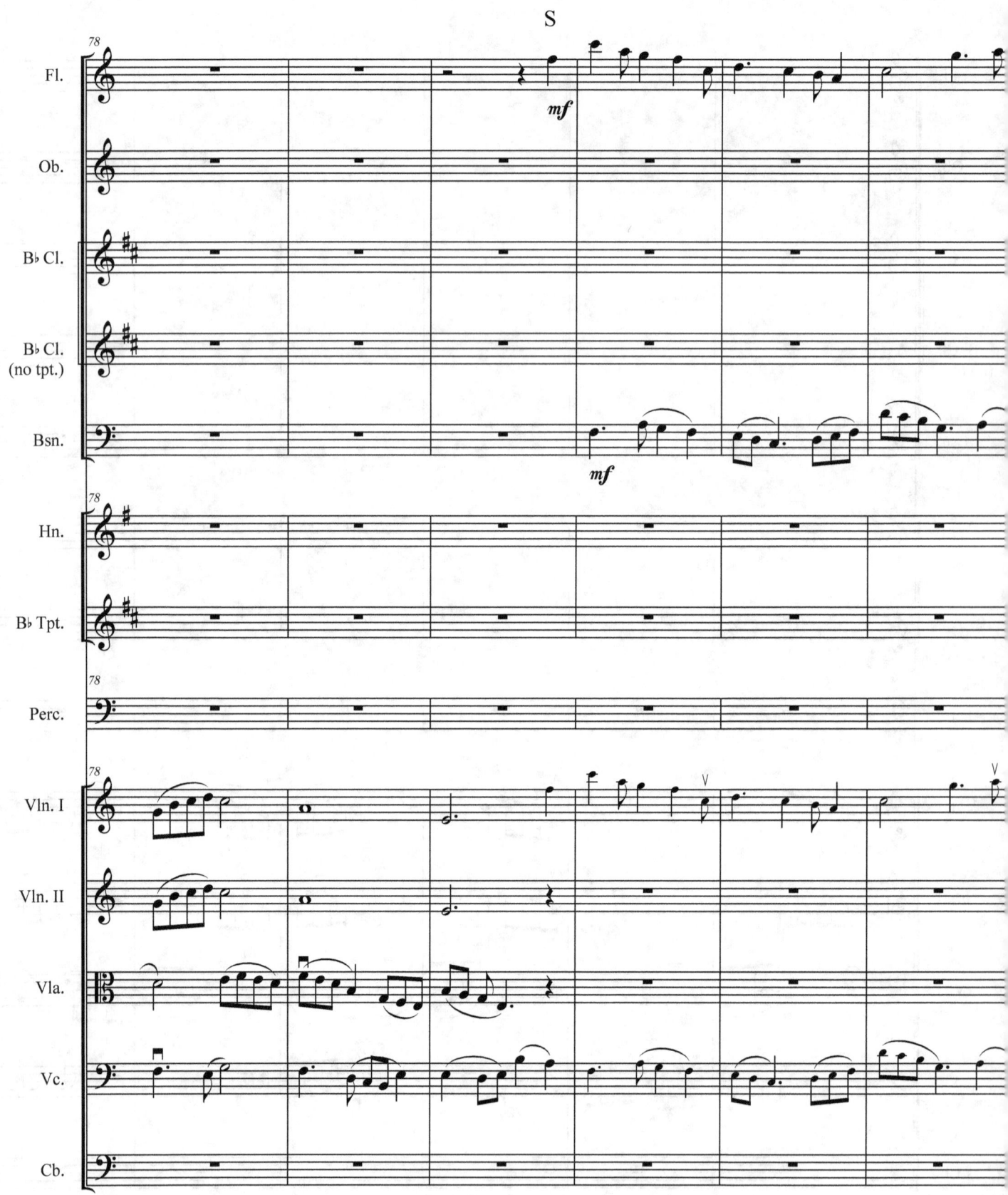

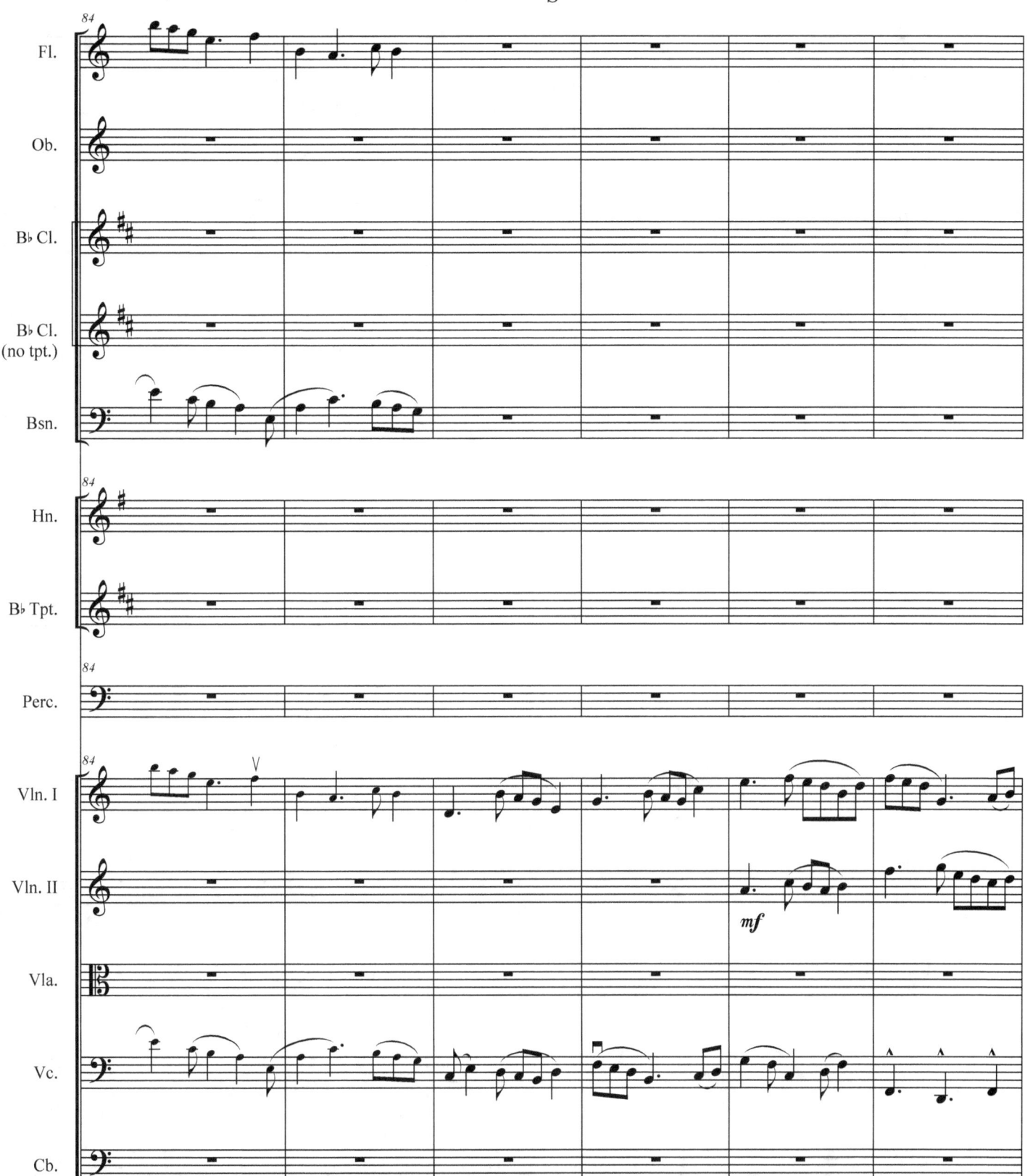

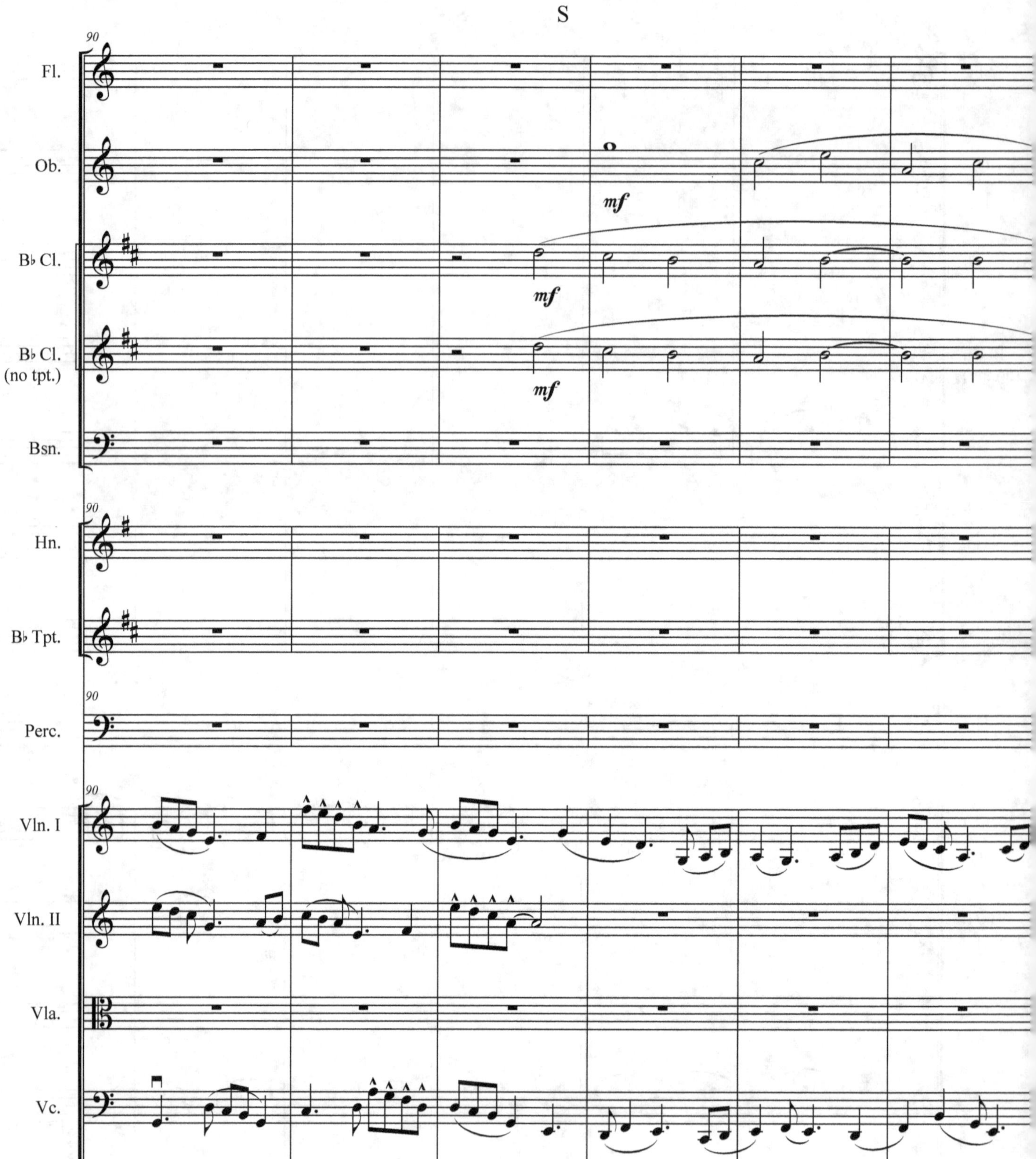

S

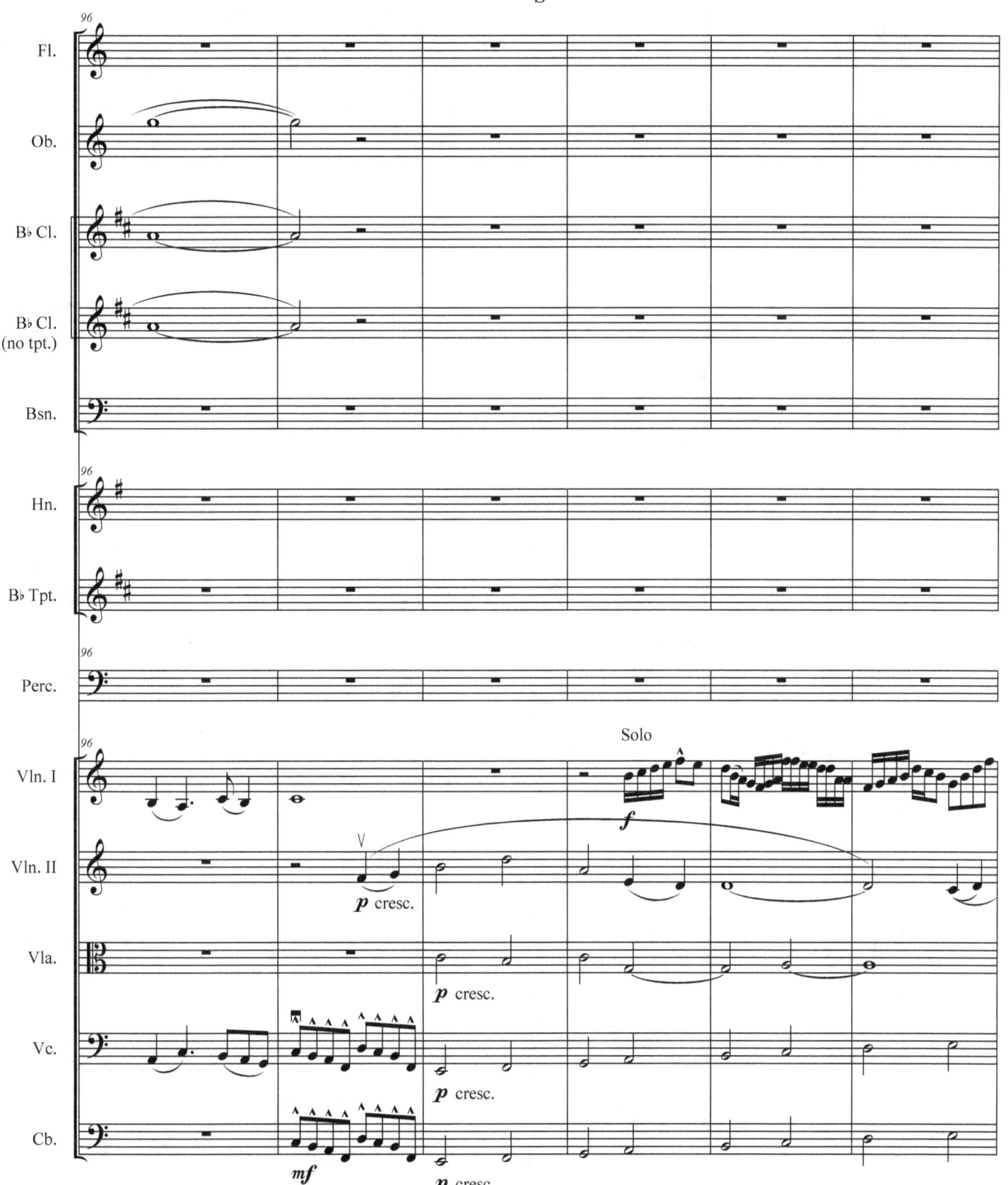

19

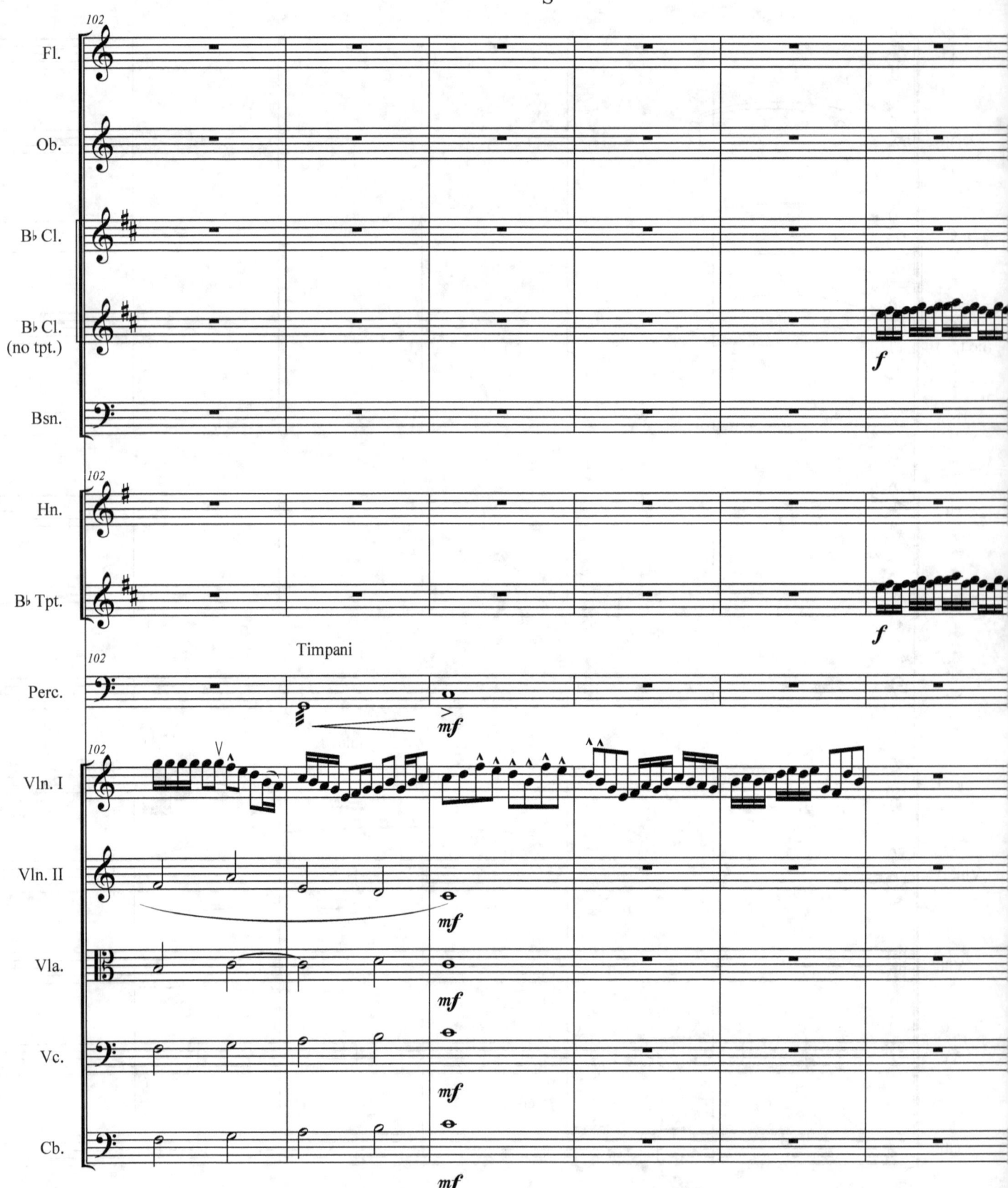

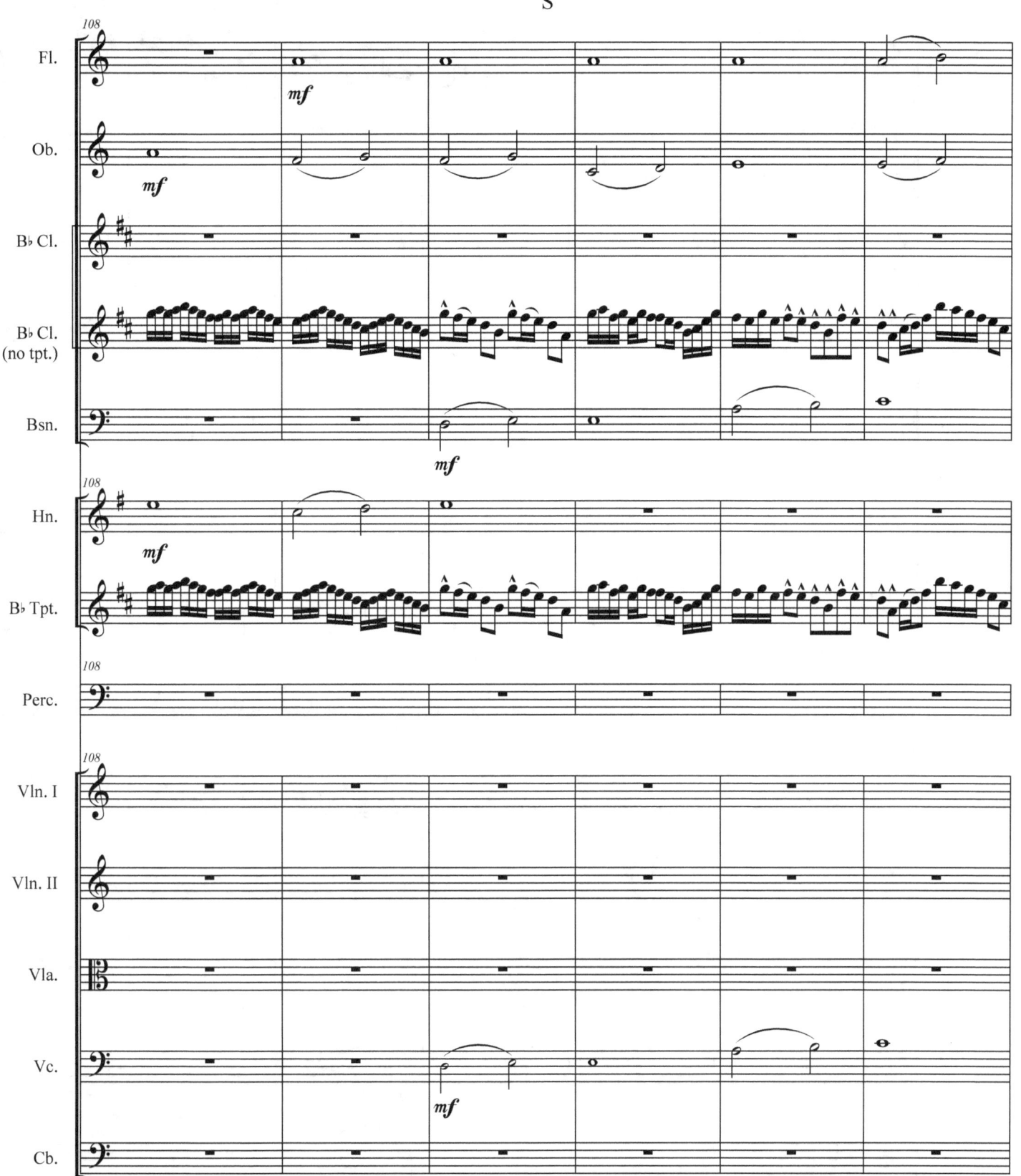

22

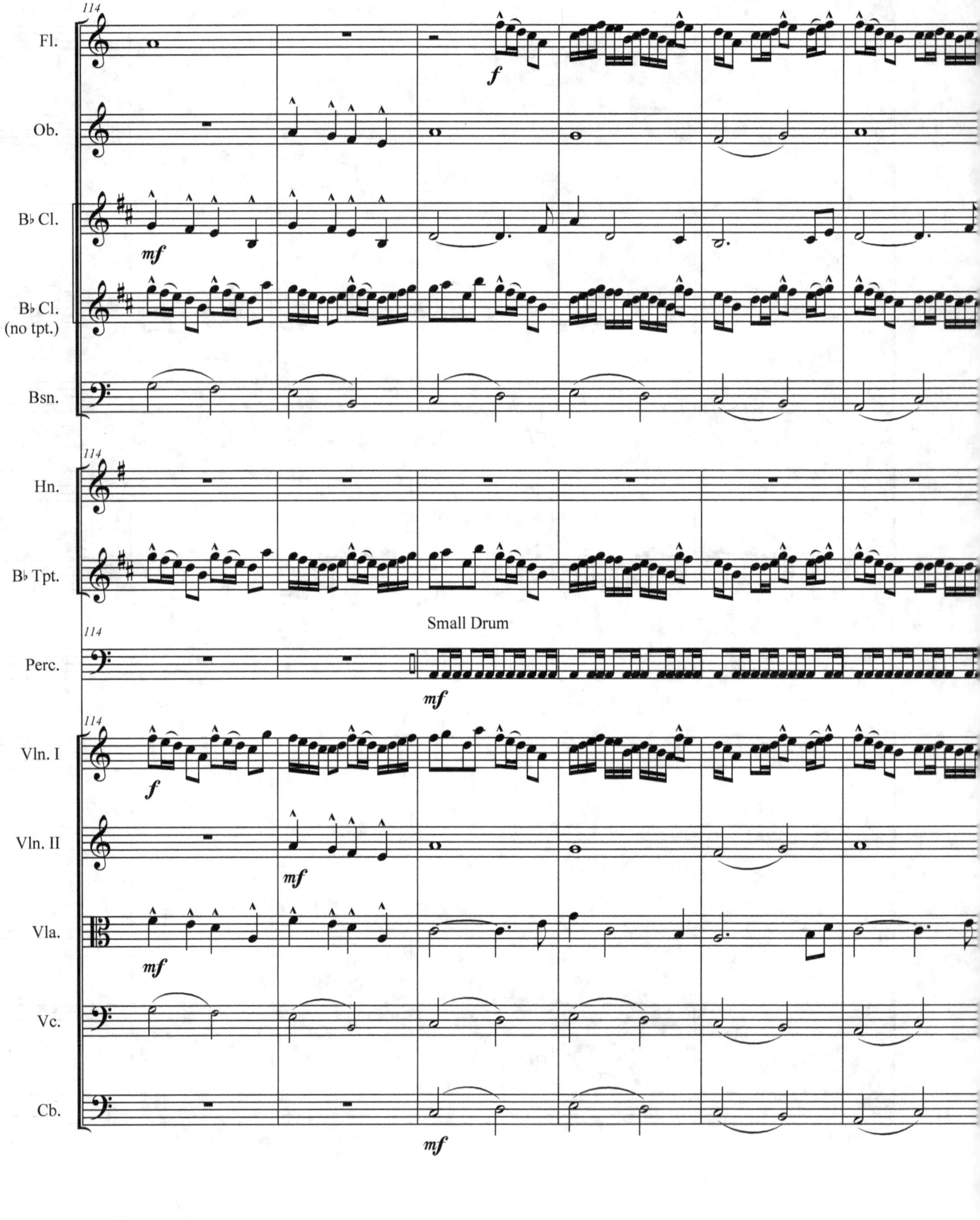

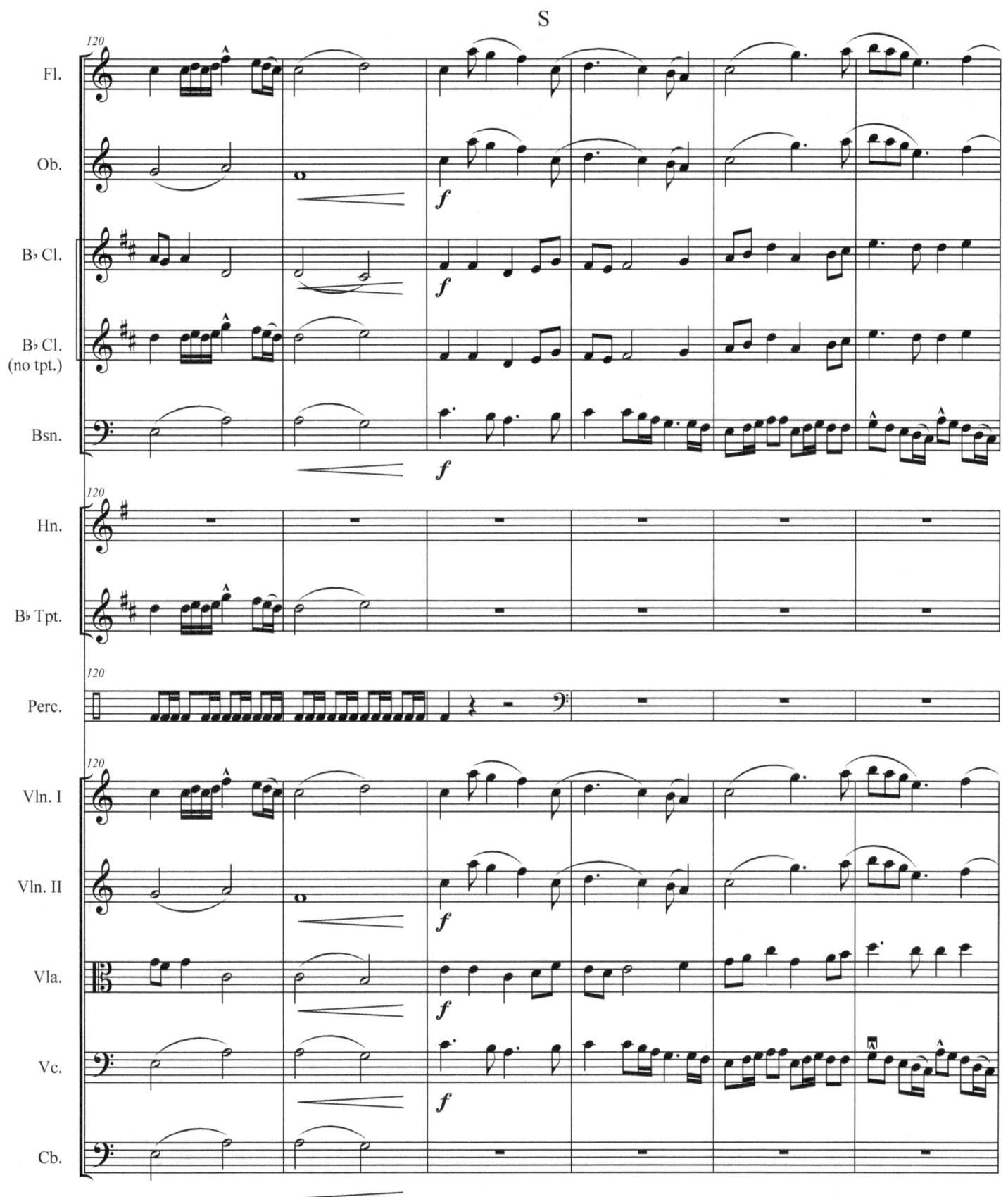

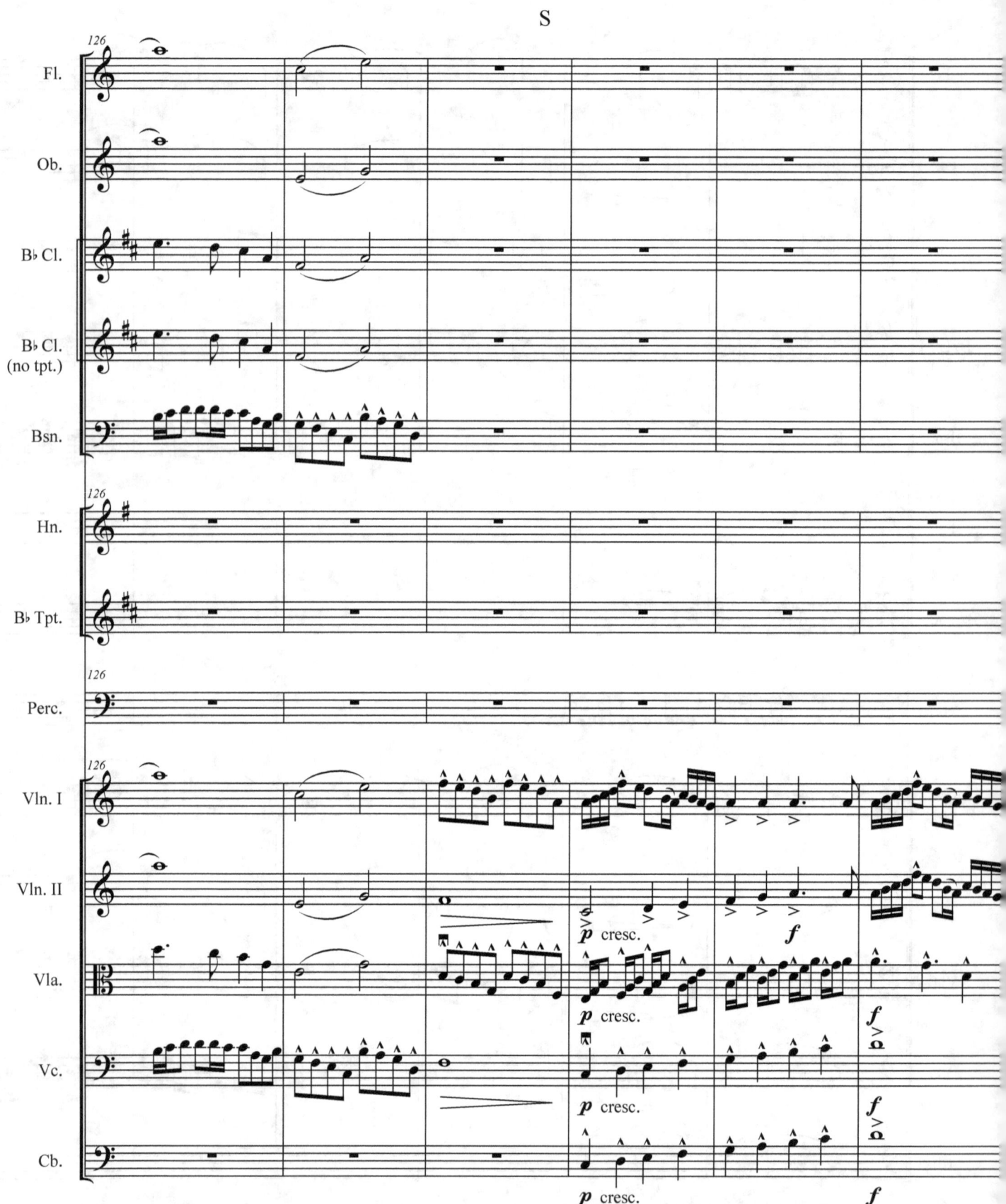

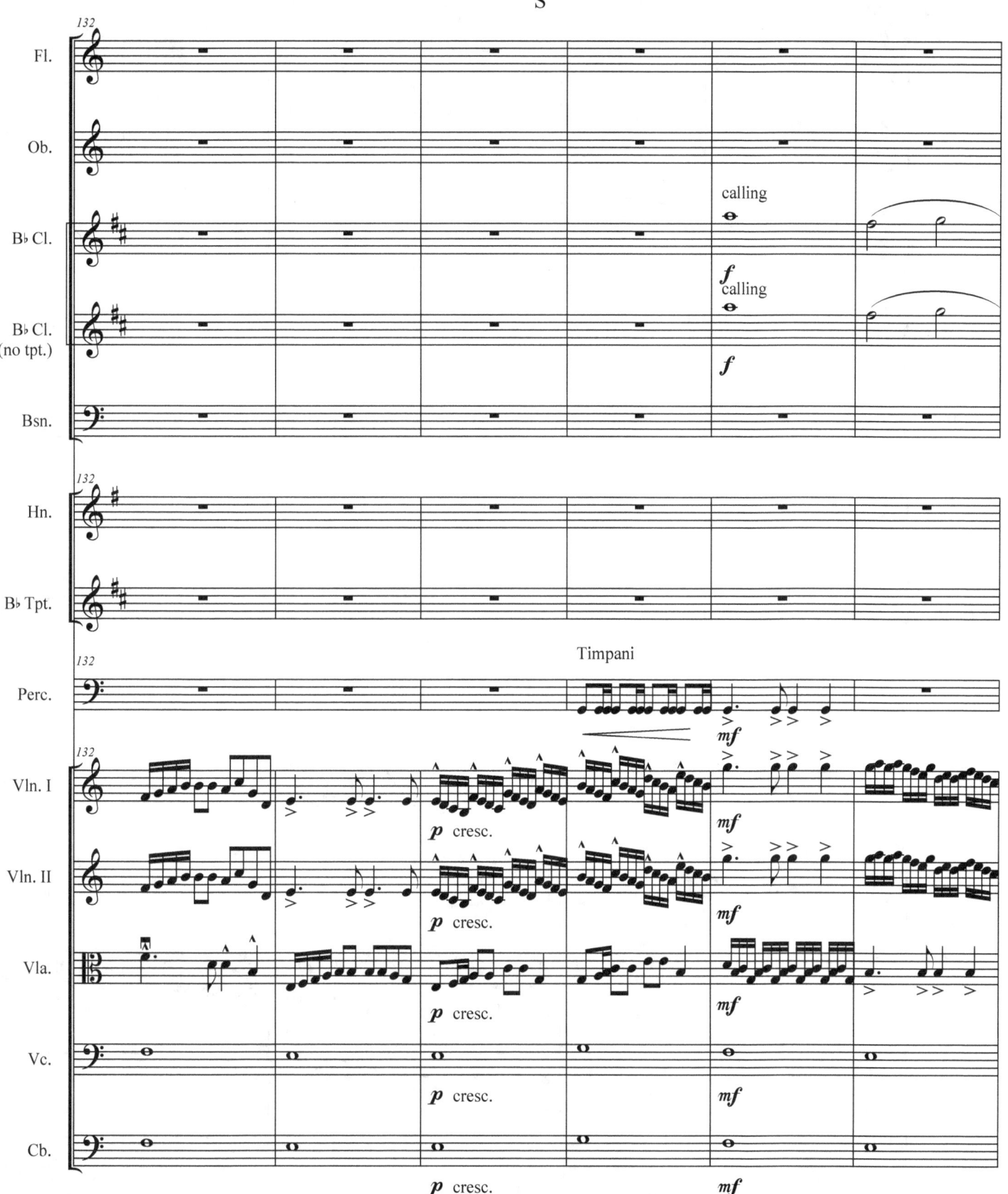

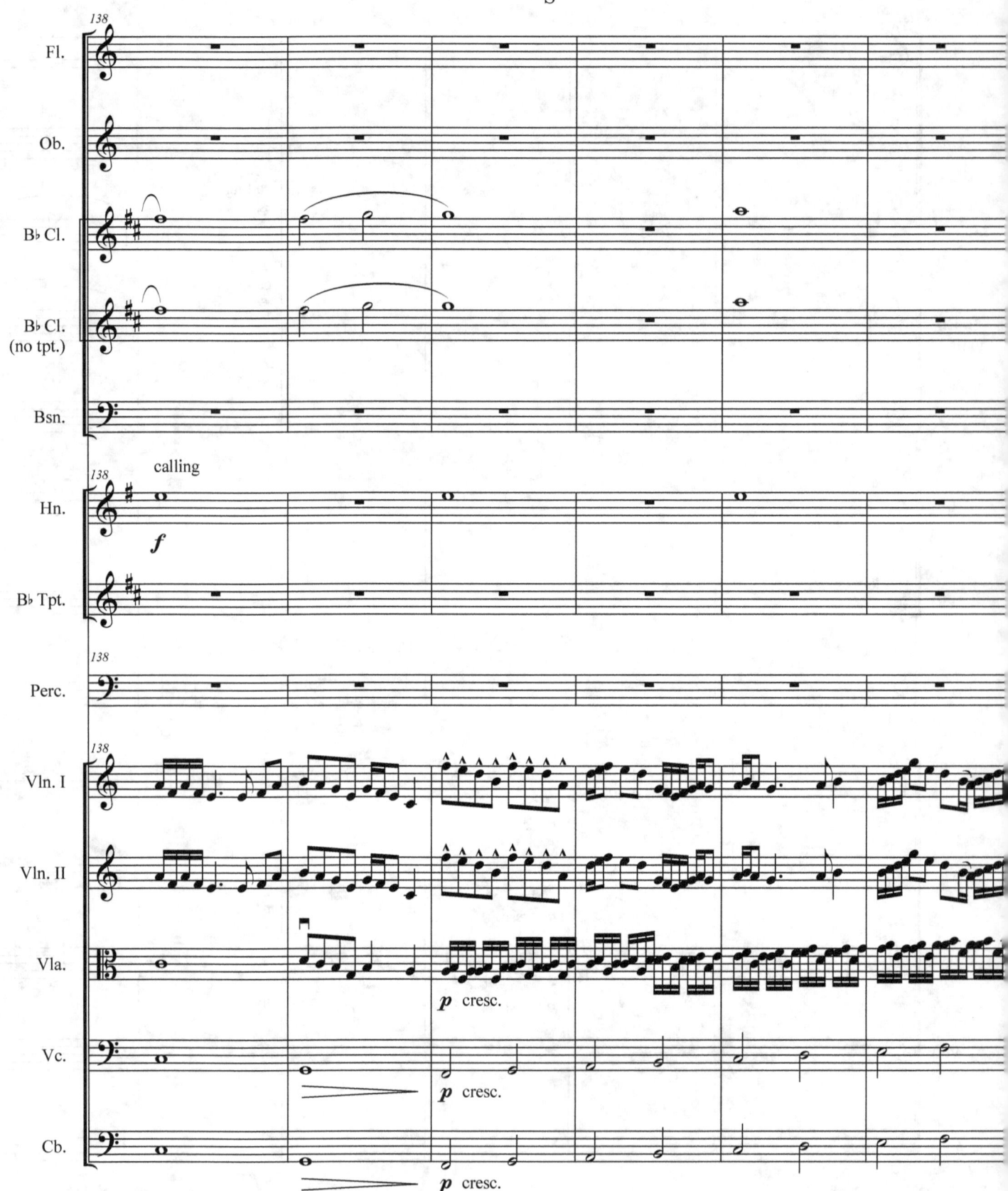

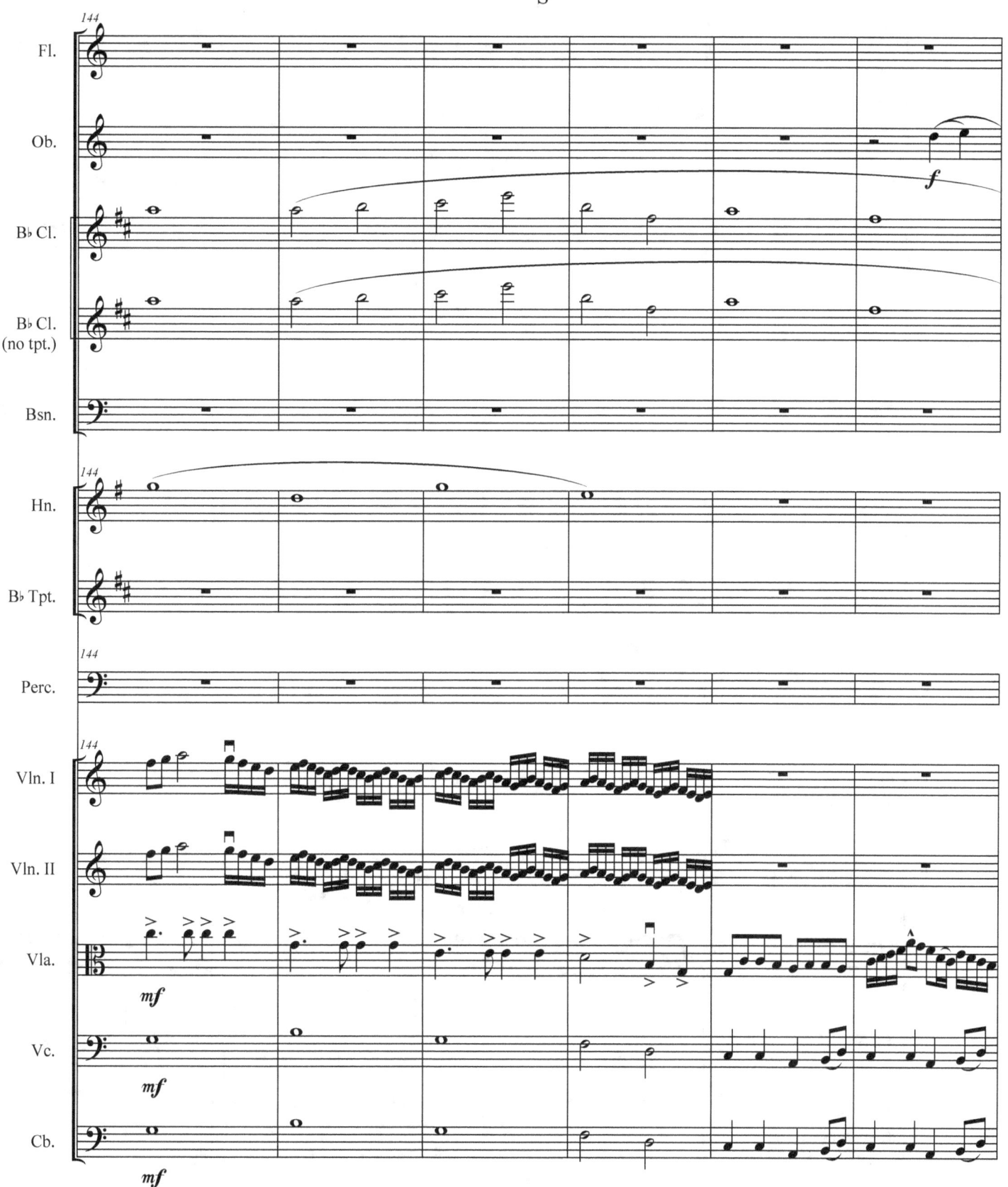

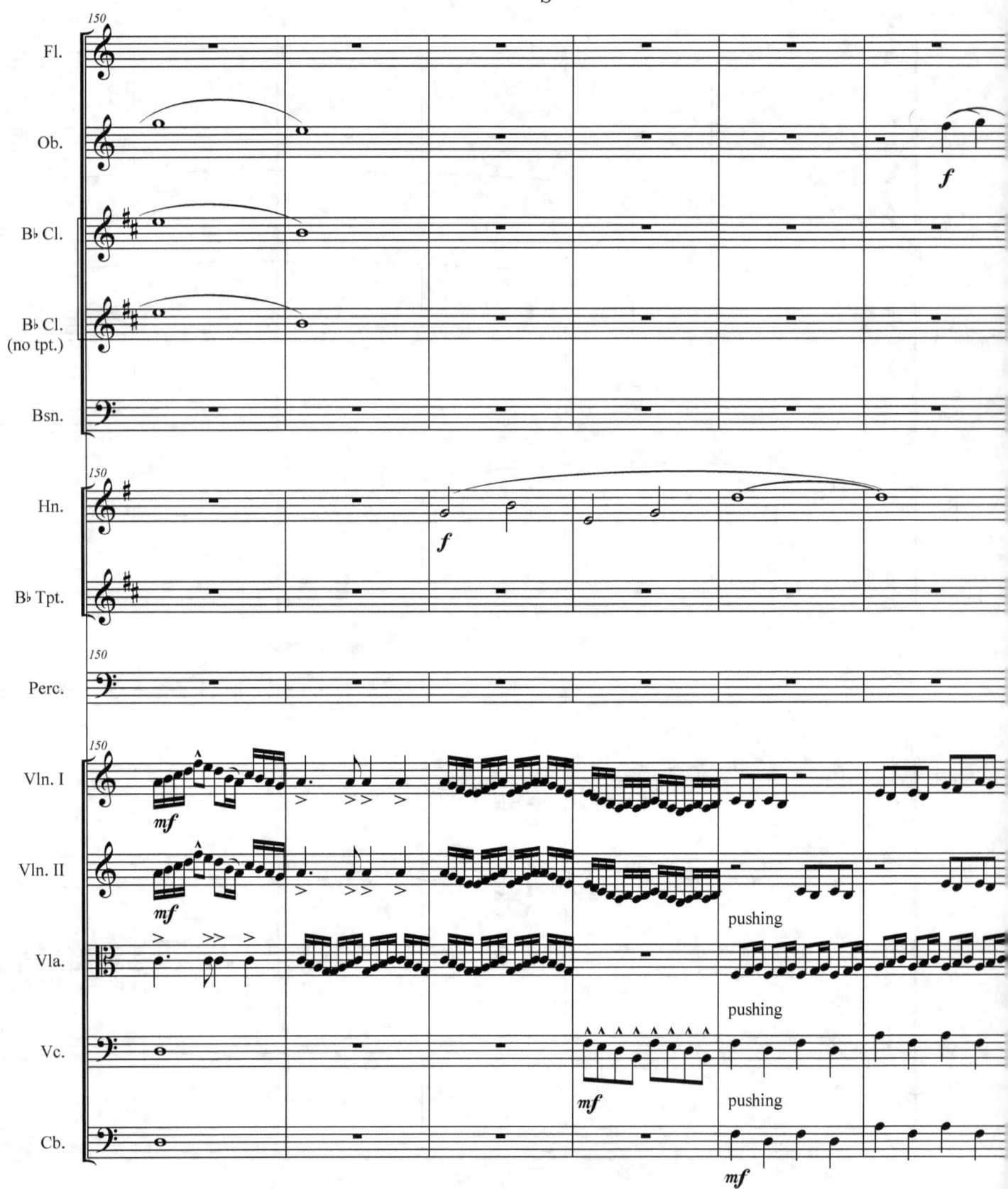

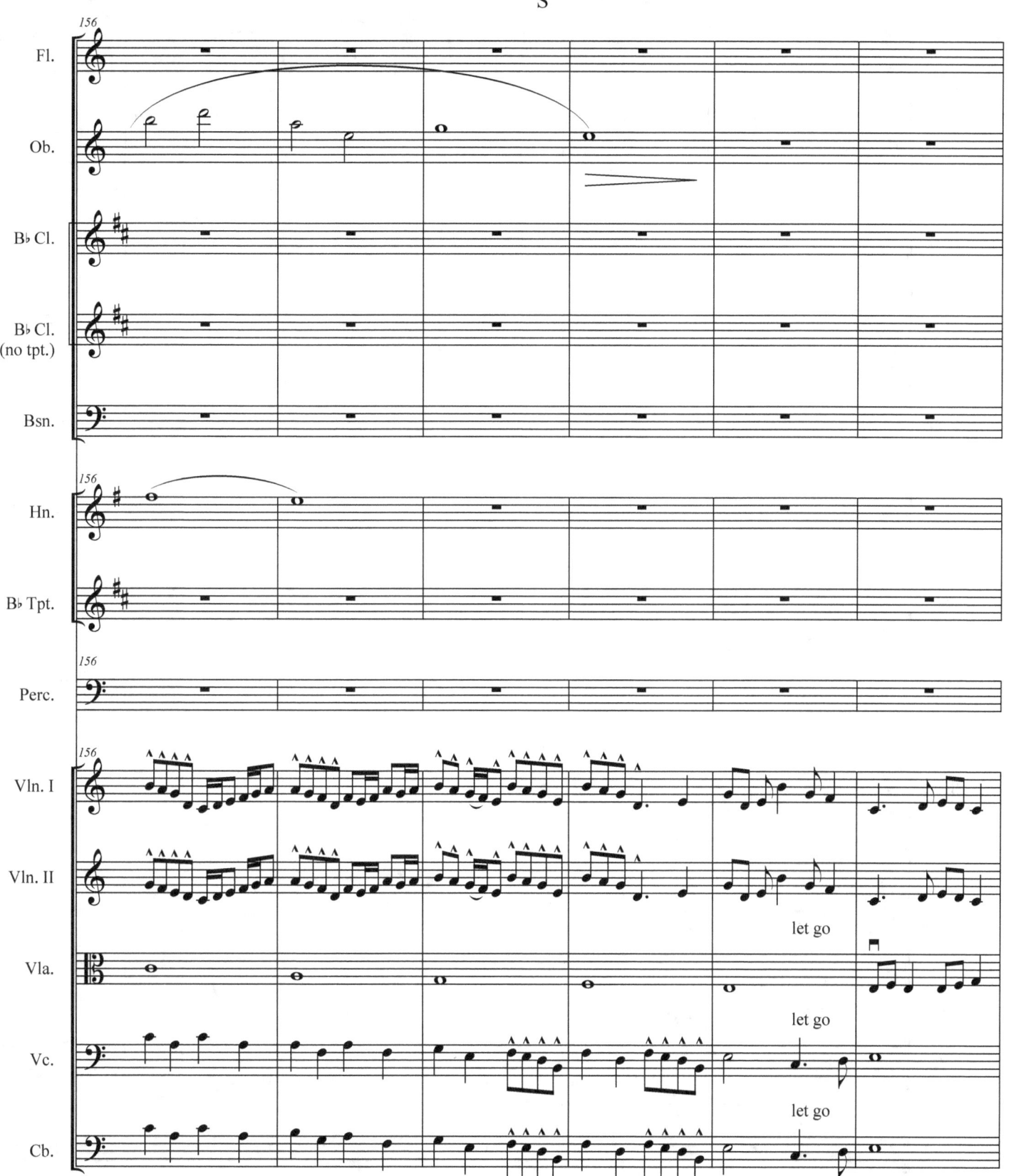

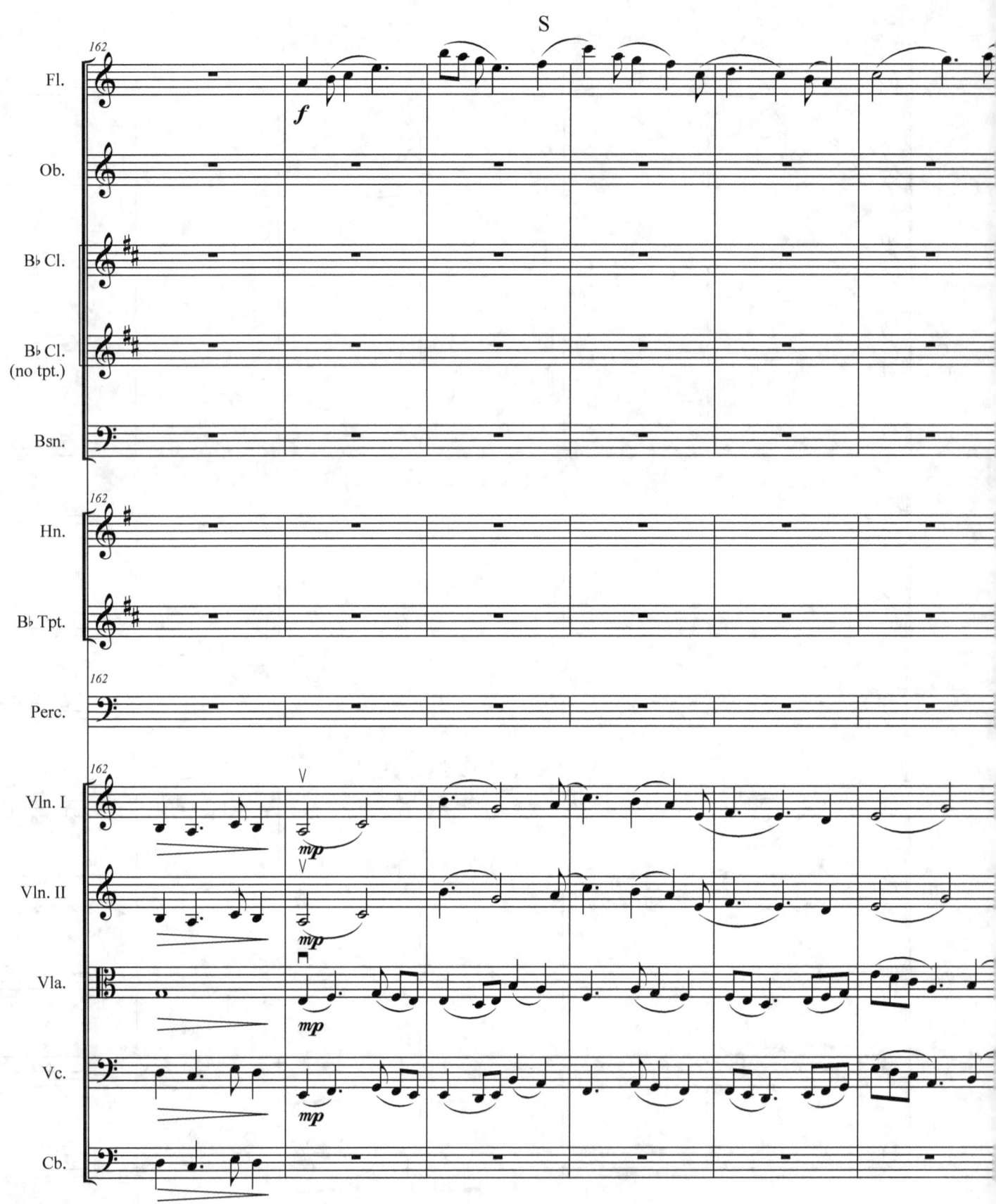

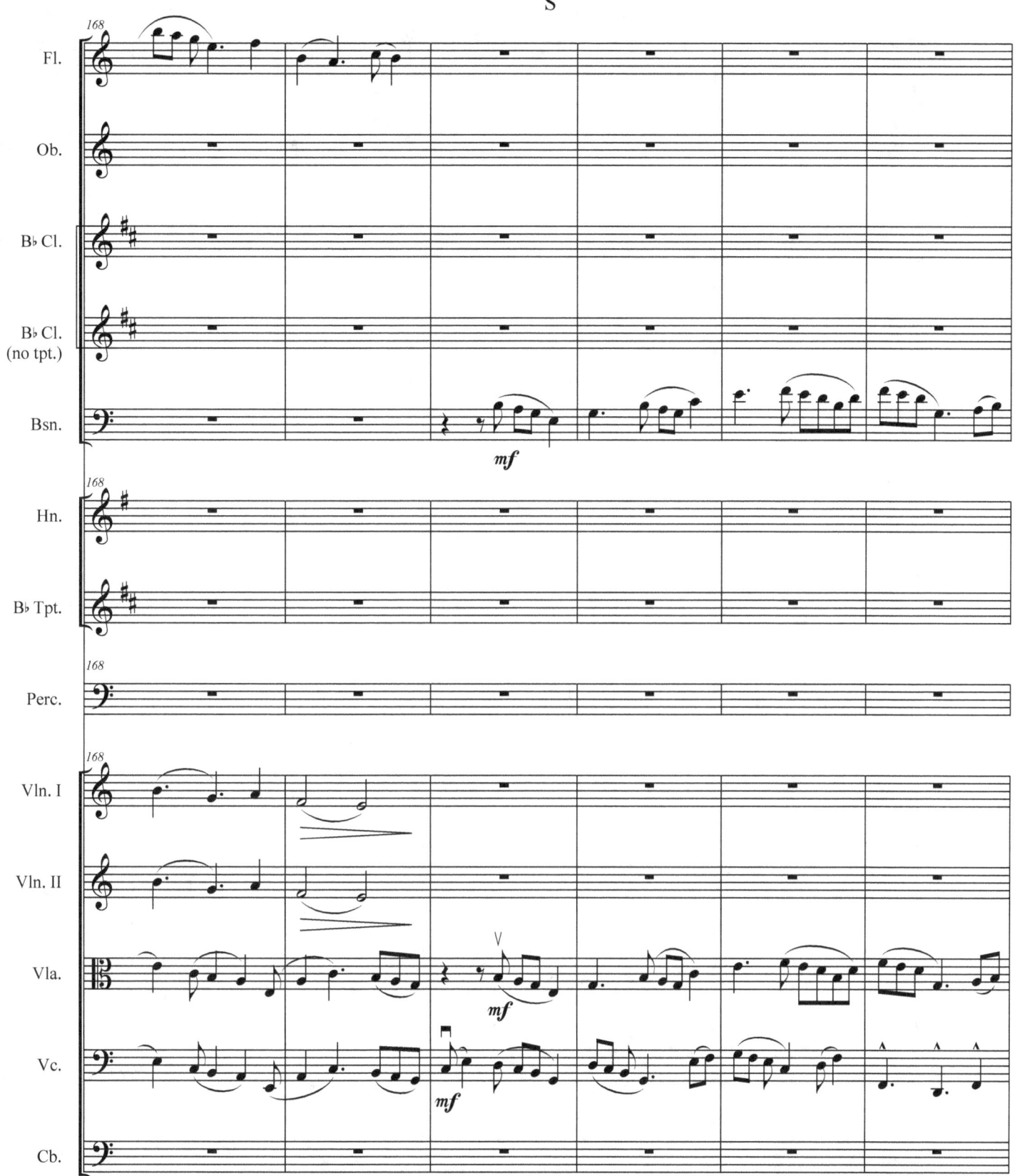

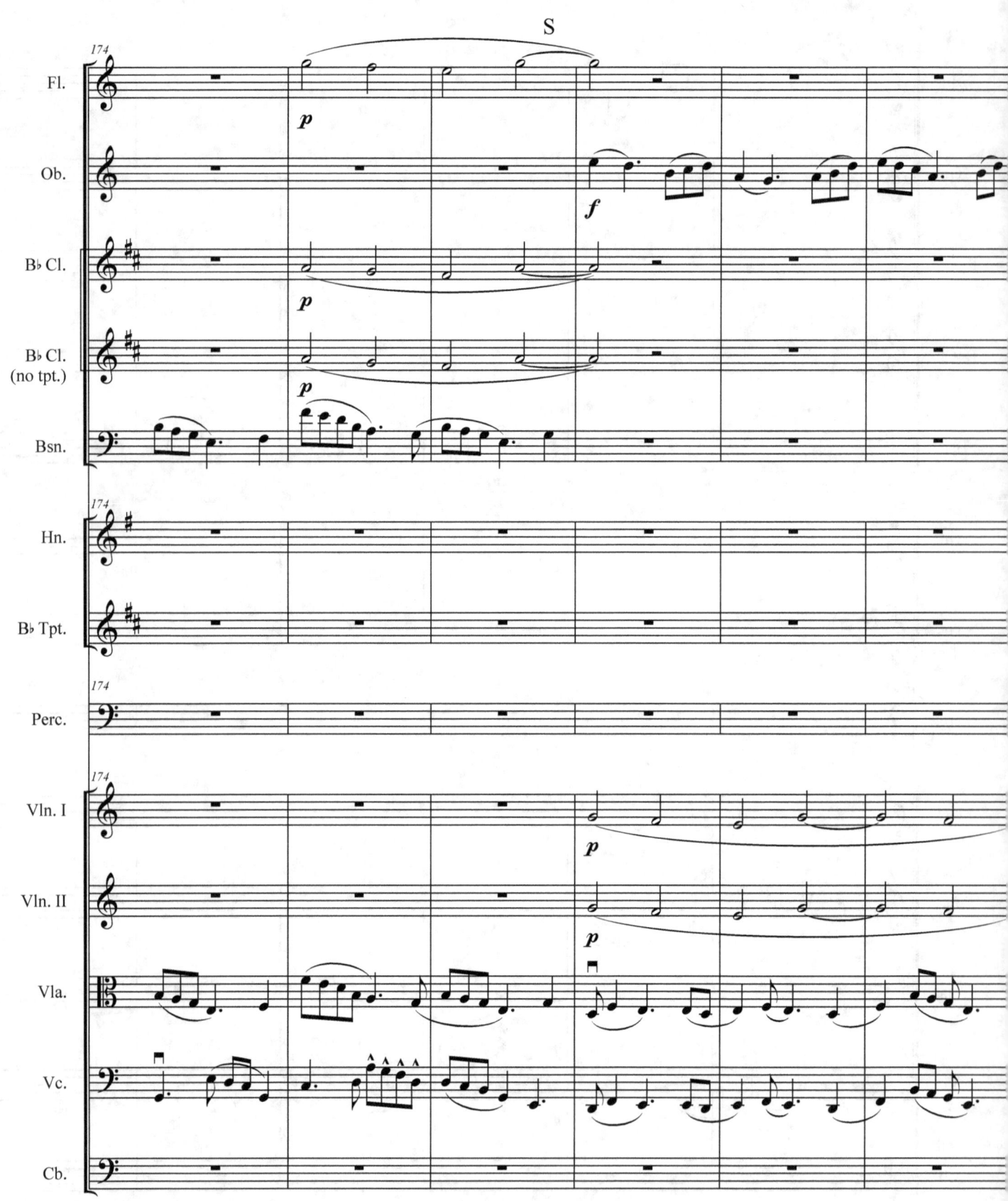

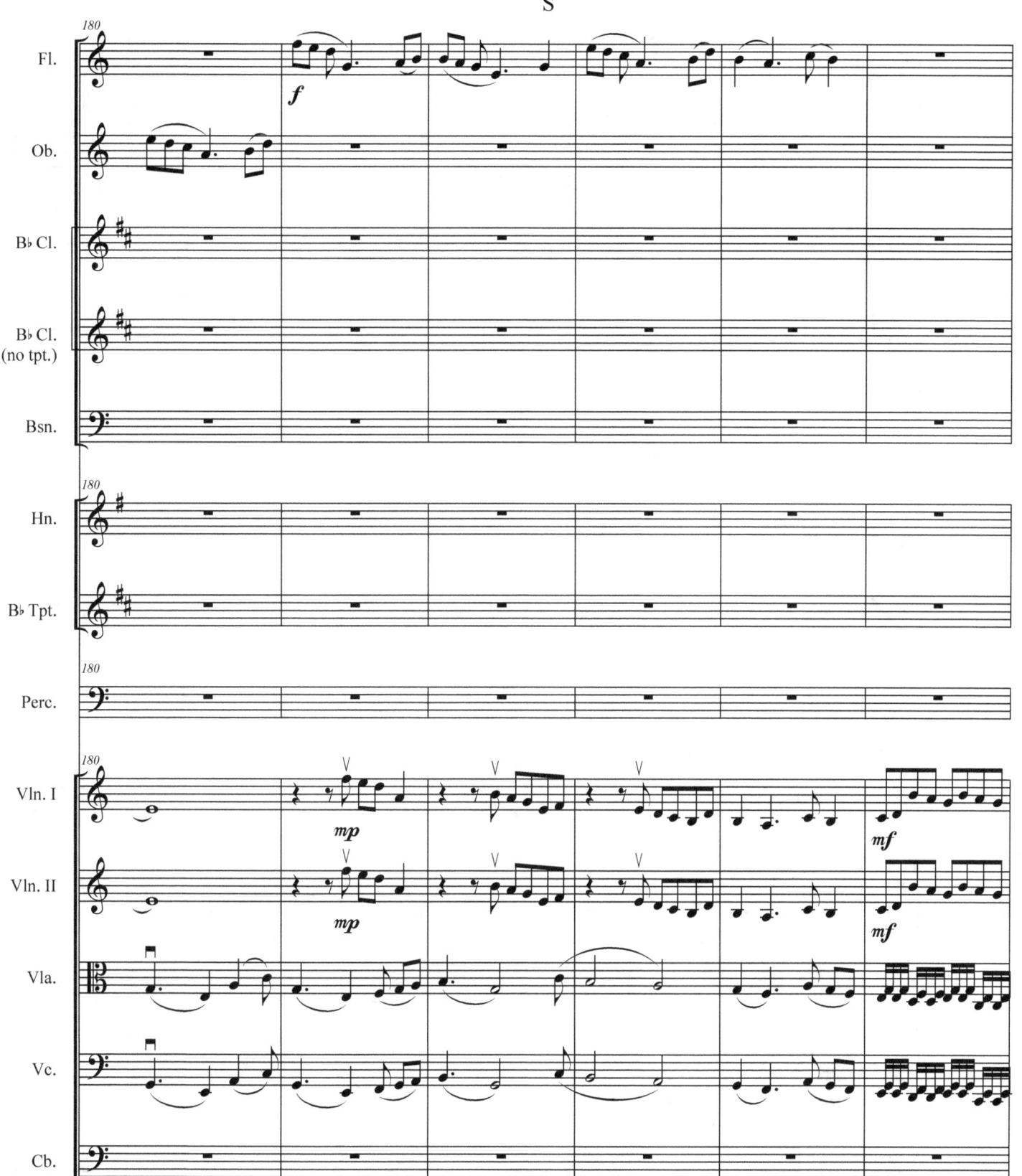

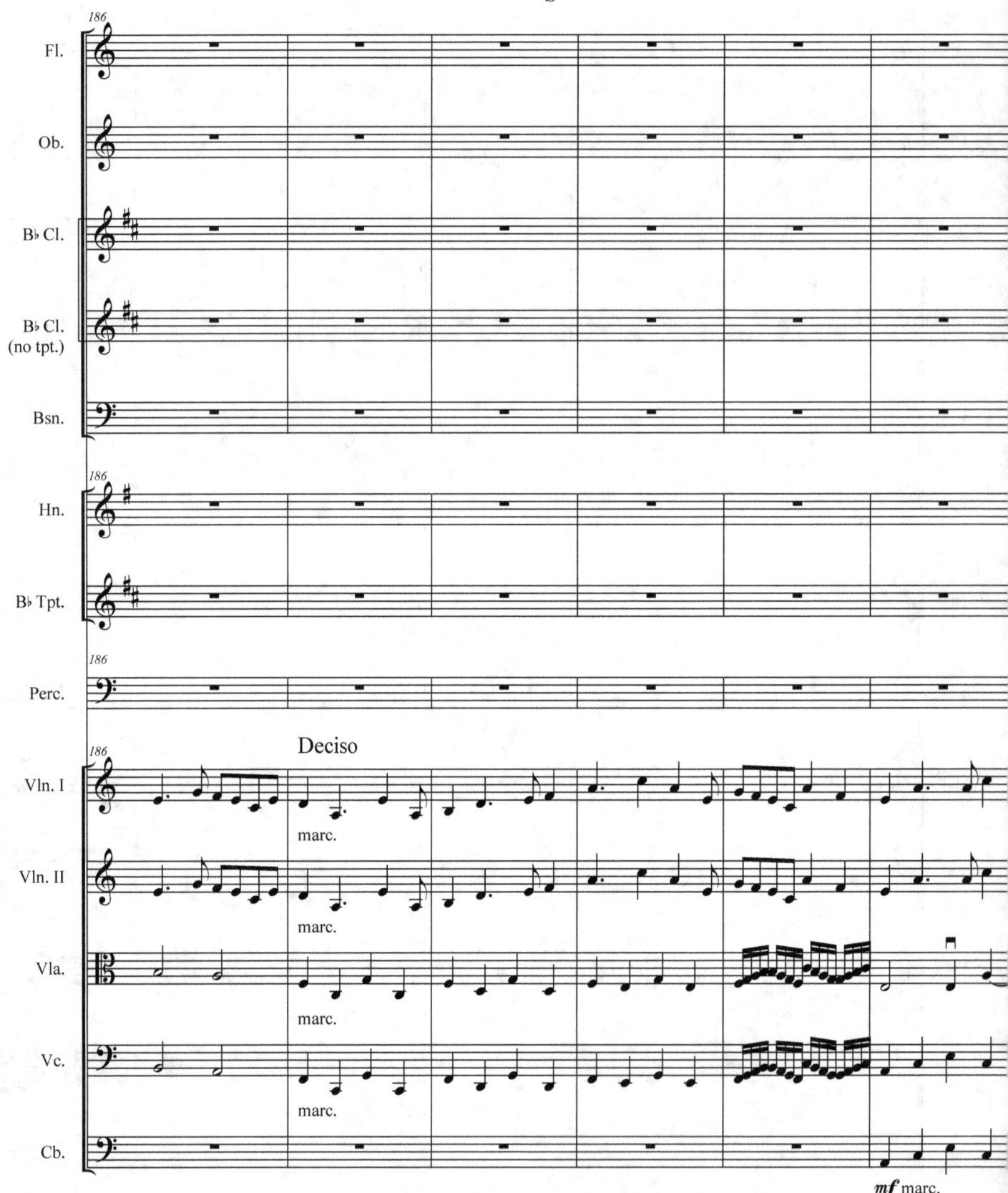

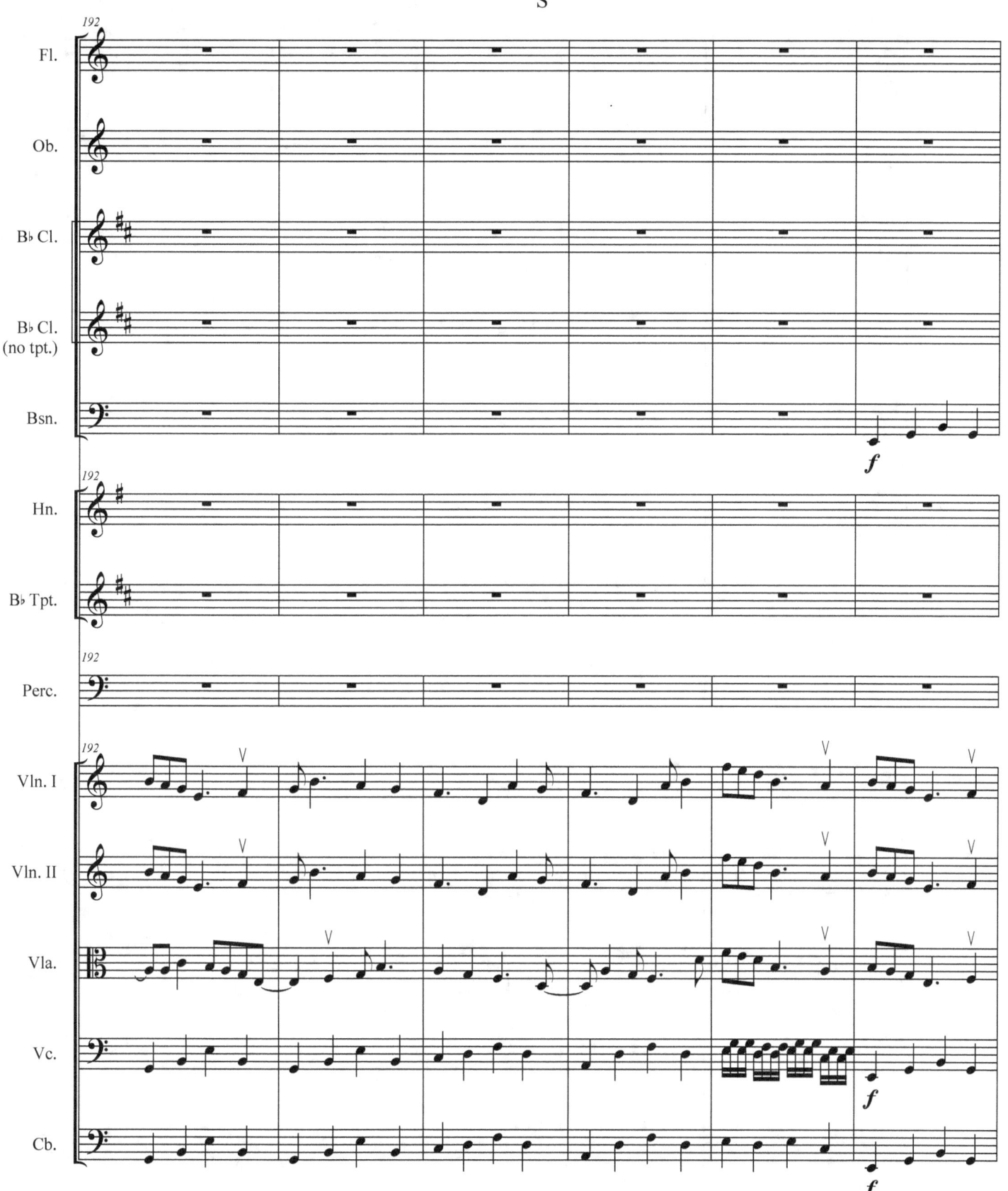

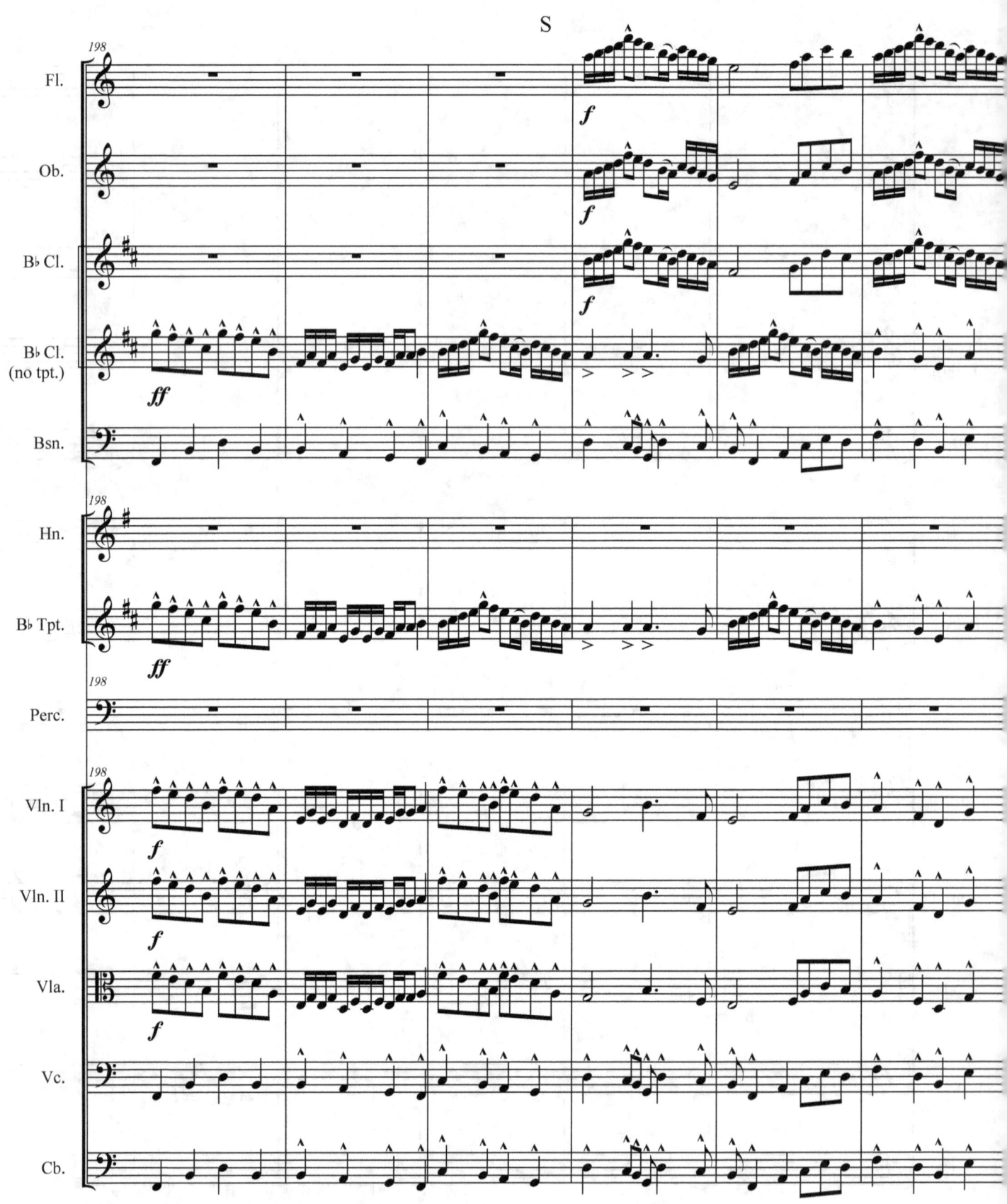

36

37

S sym 1

Flute

Joost de Groot

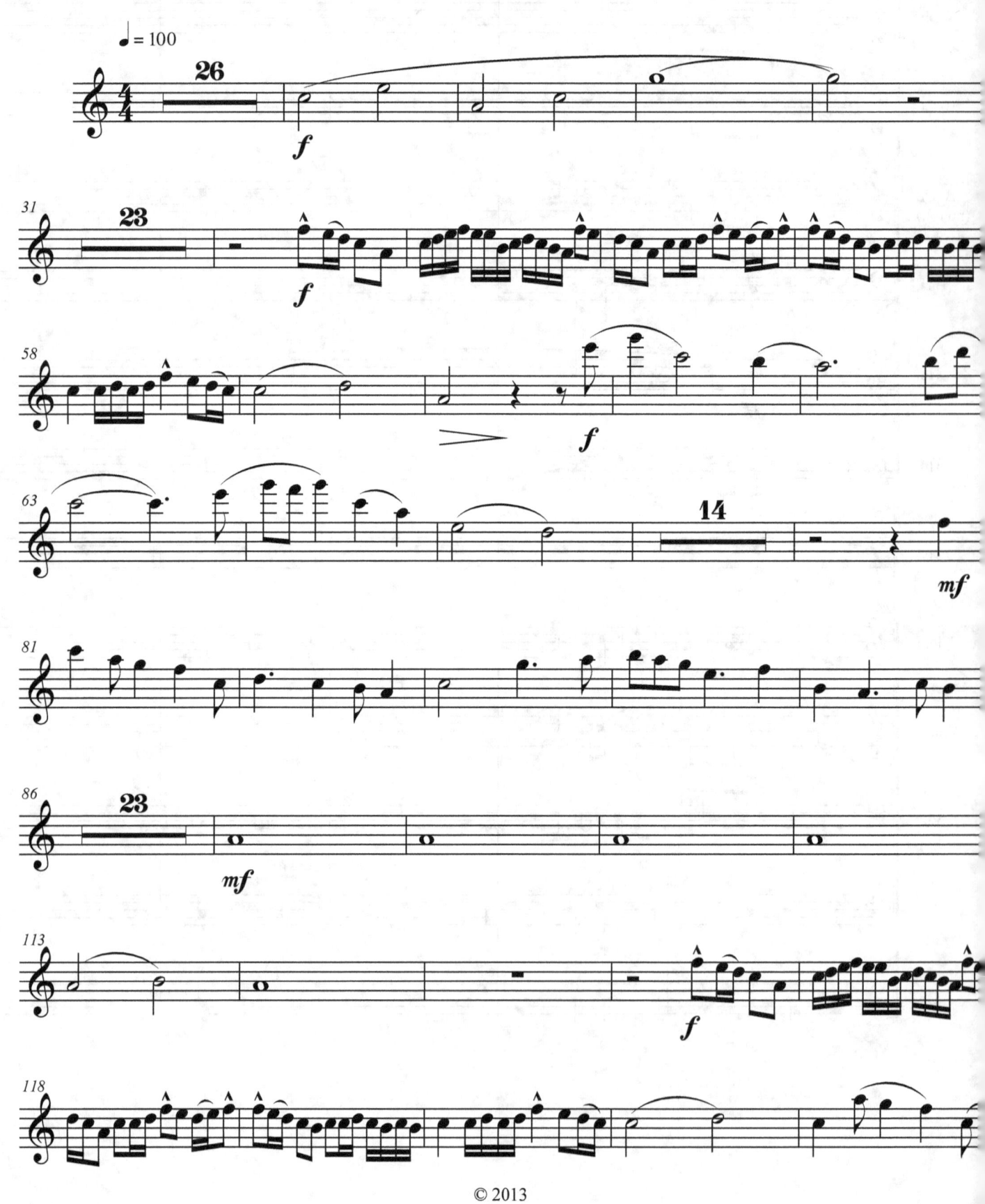

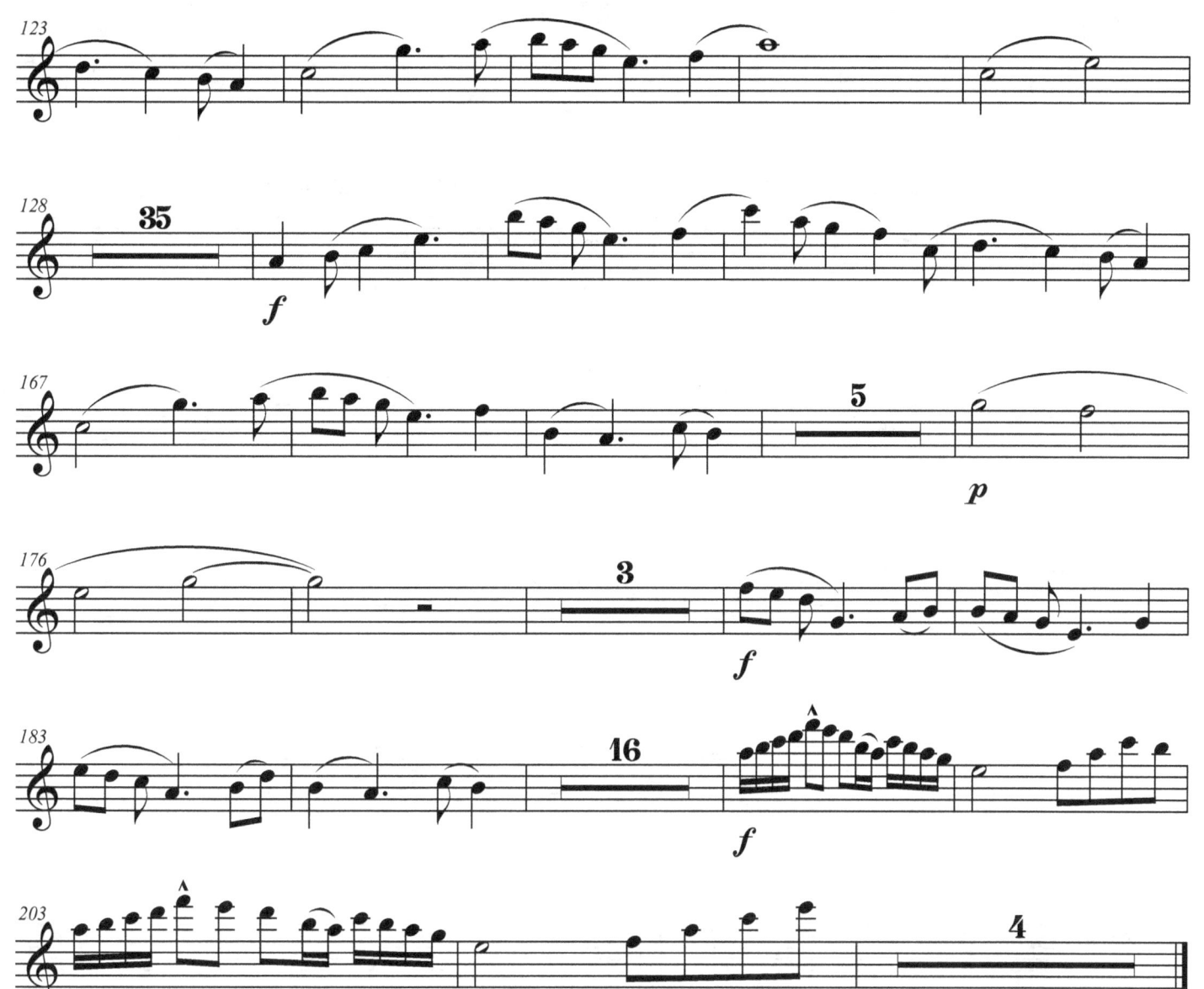

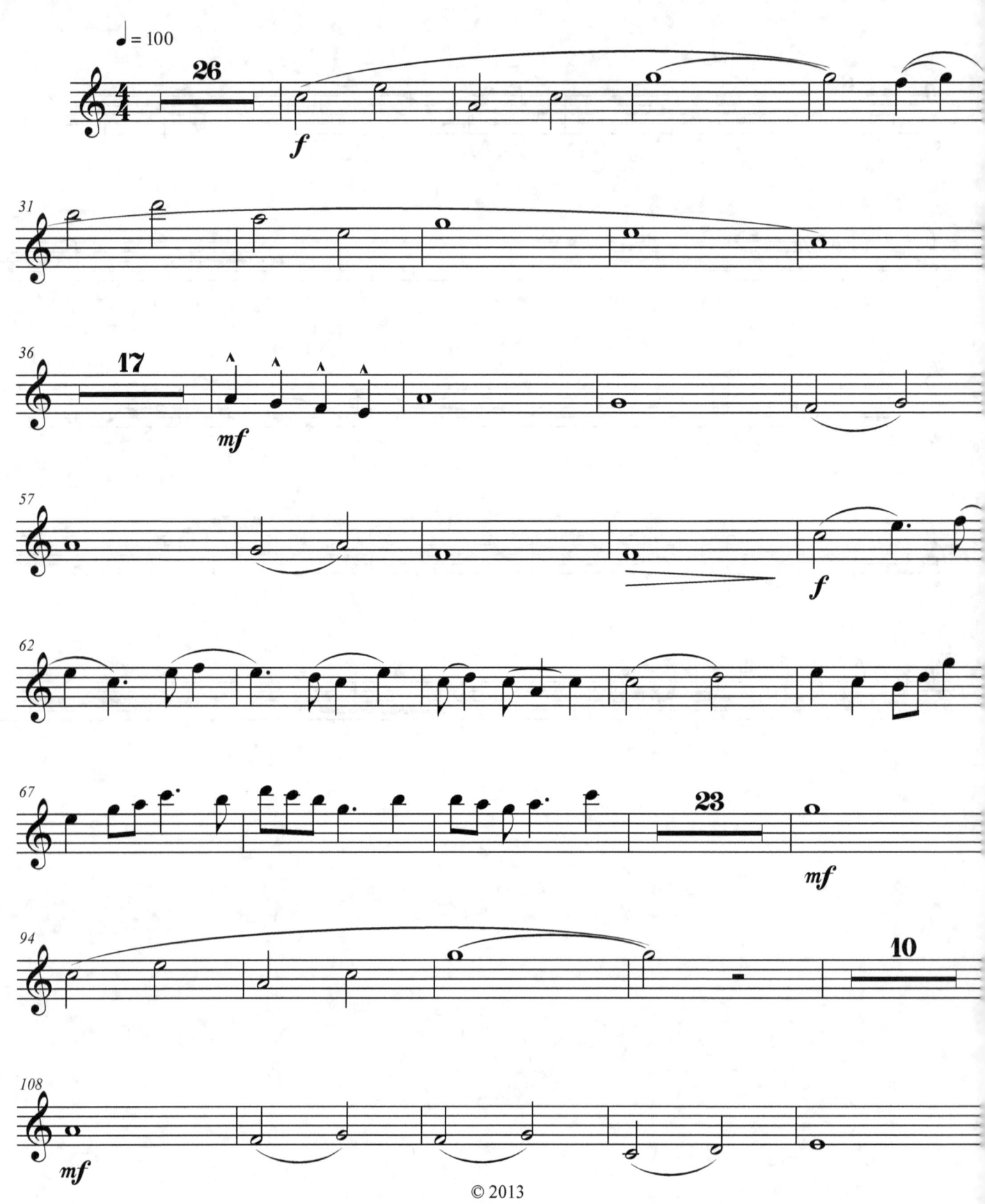

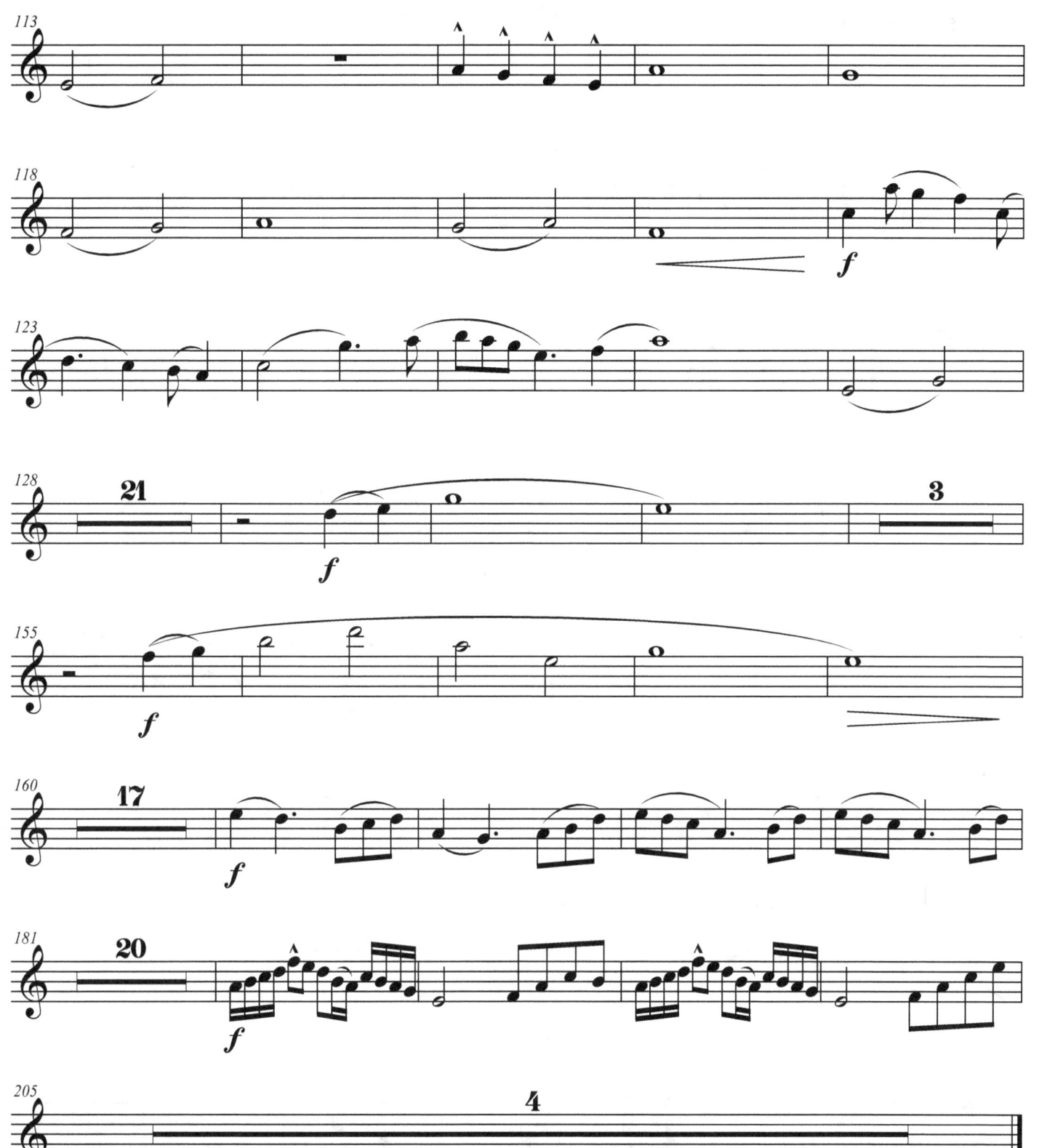

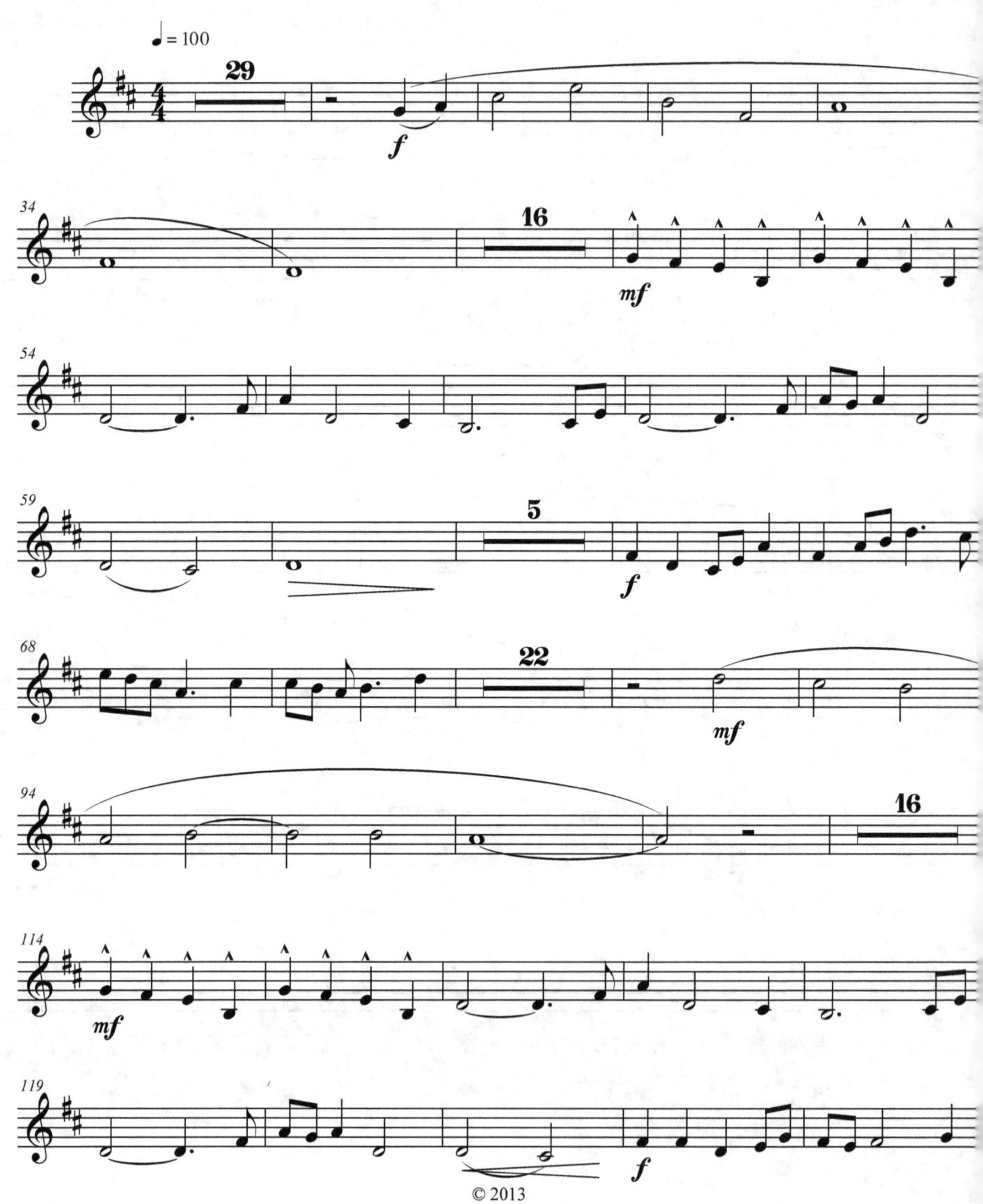

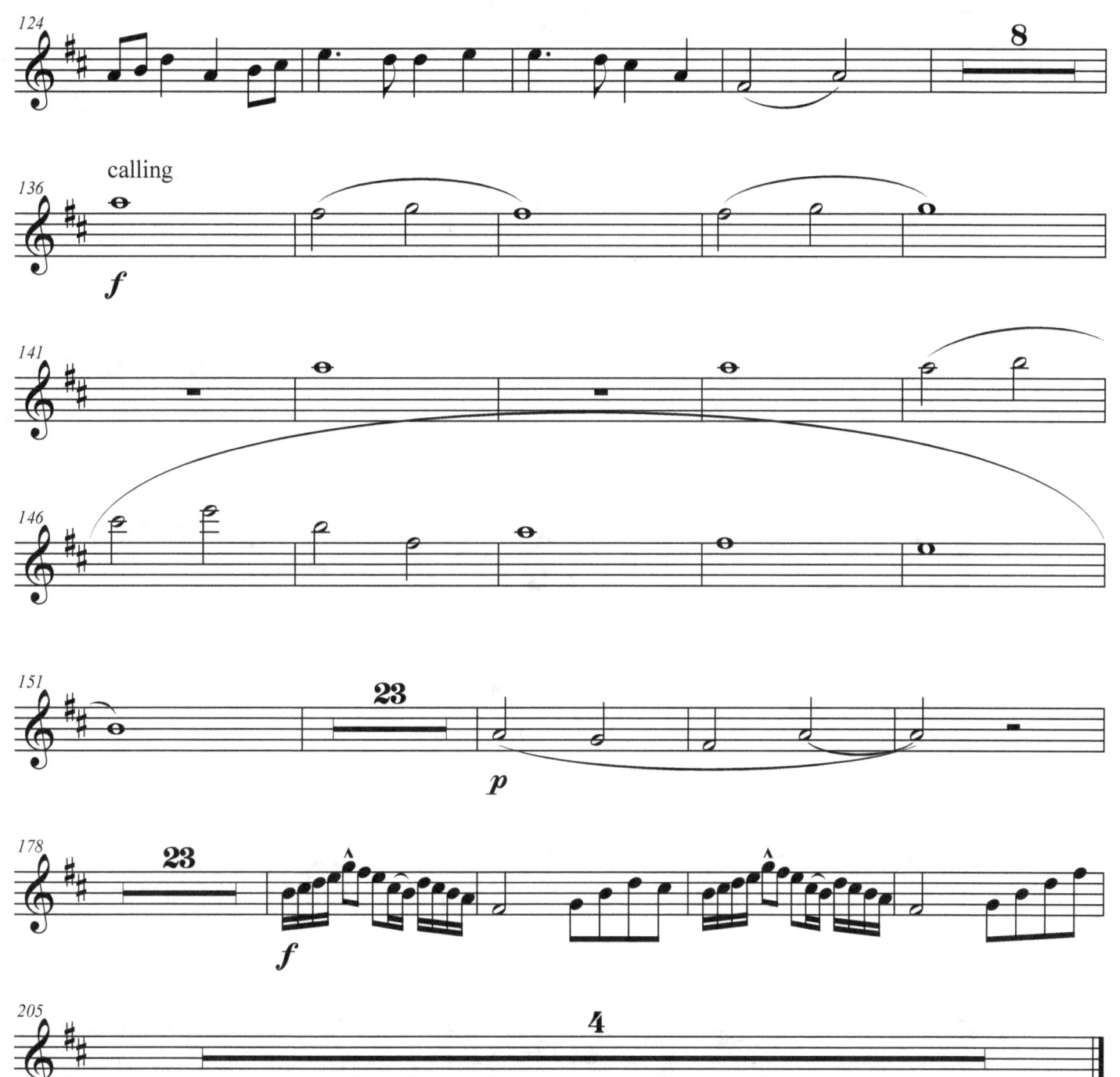

S sym 1

Bes Clarinet
(no trumpet)

Joost de Groot

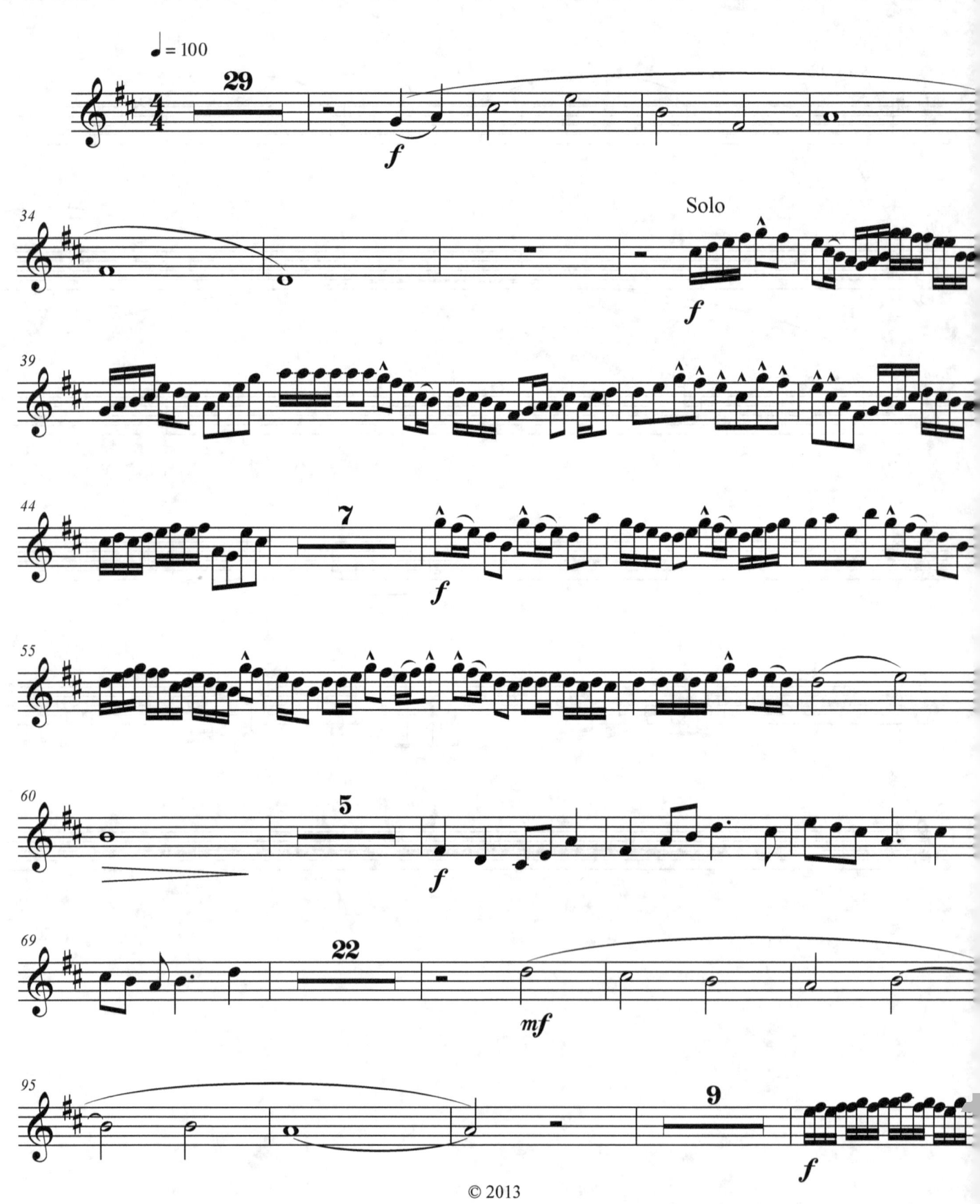

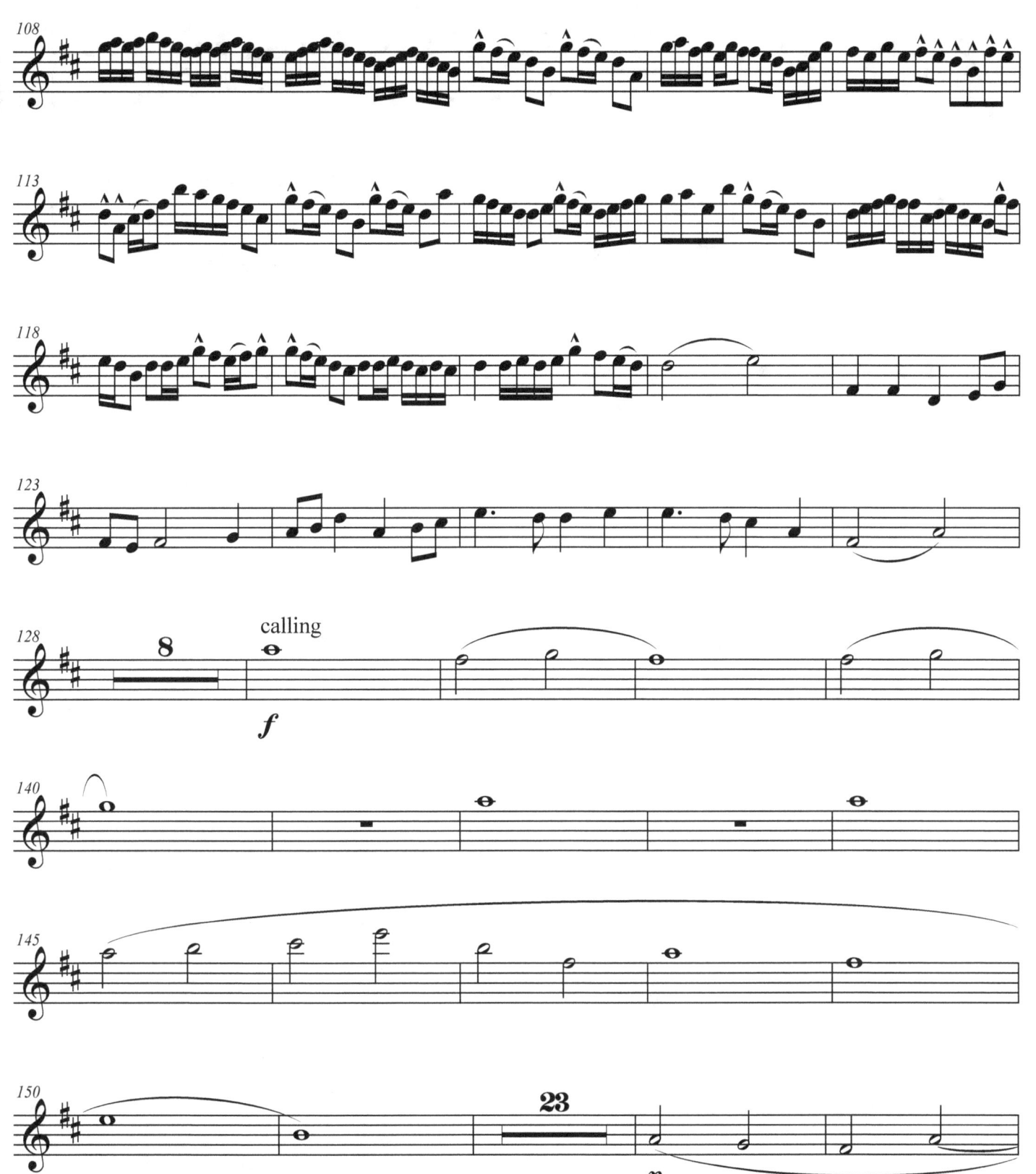

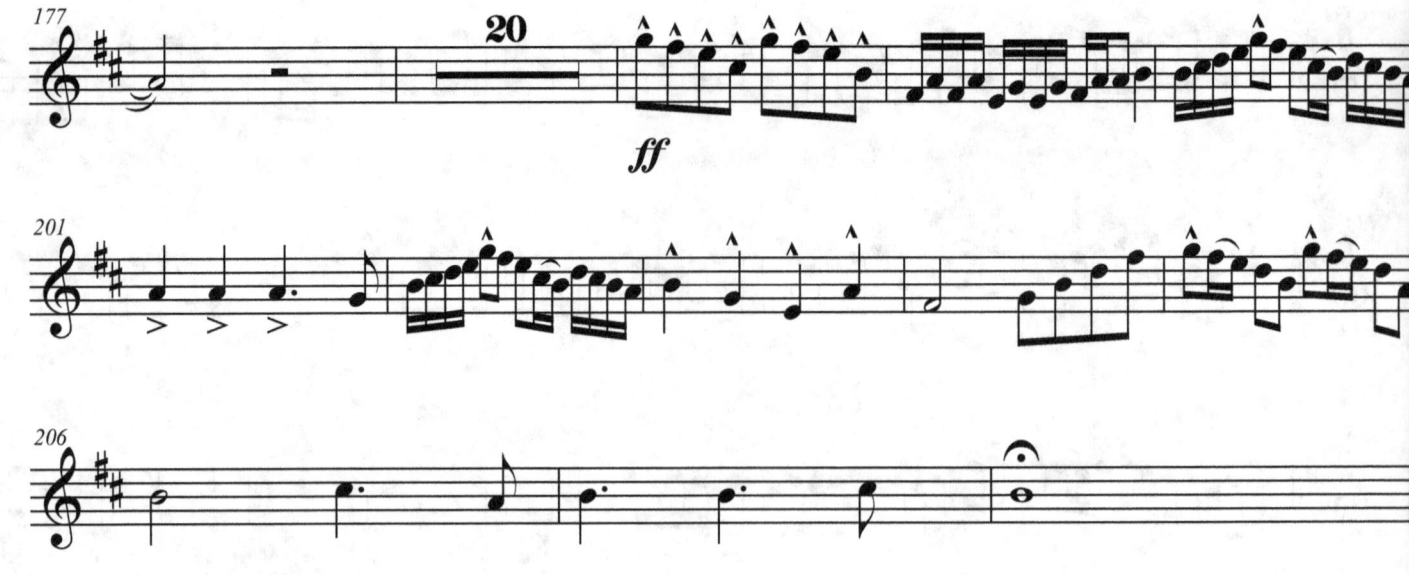

S sym 1

Bassoon

Joost de Groot

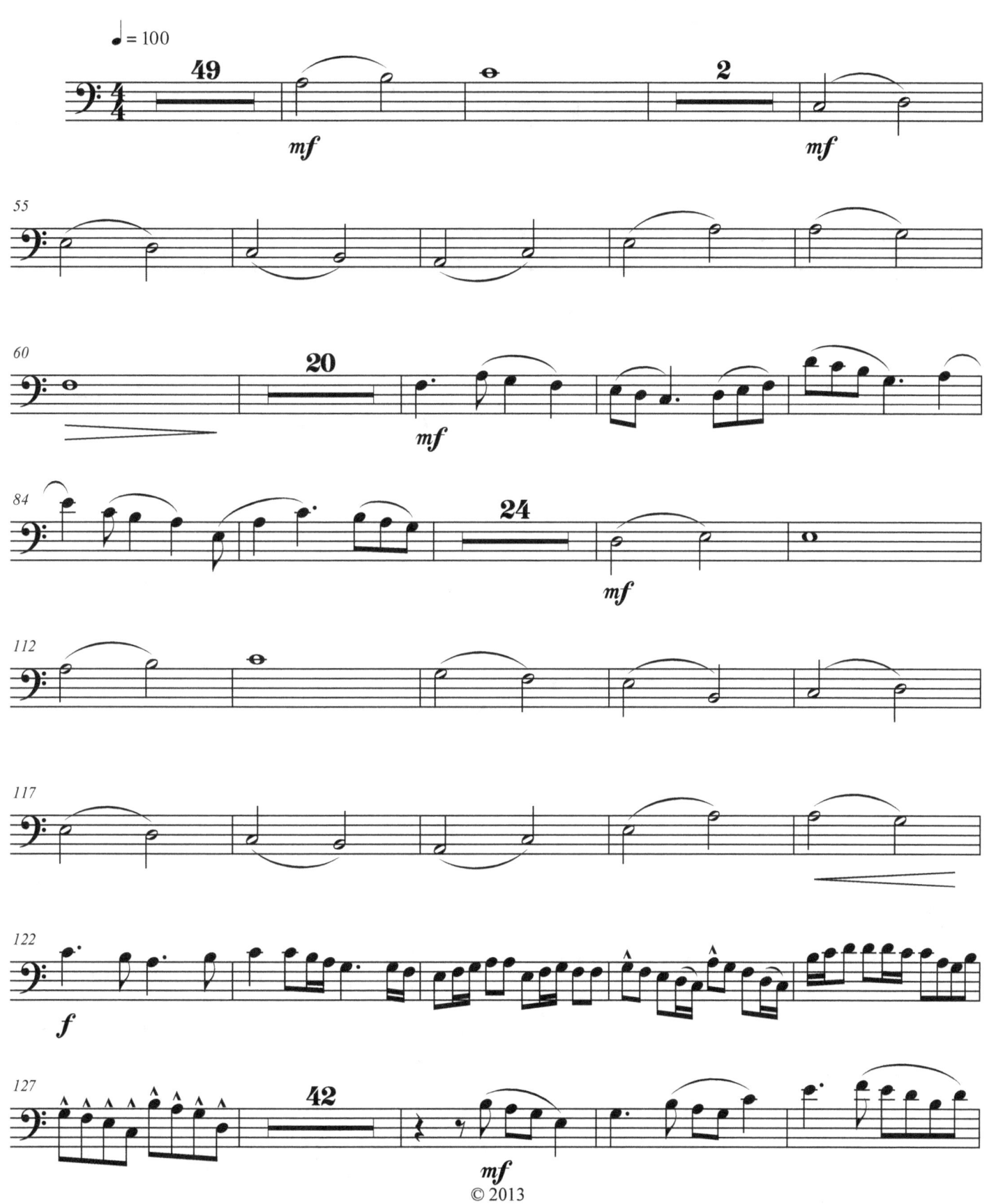

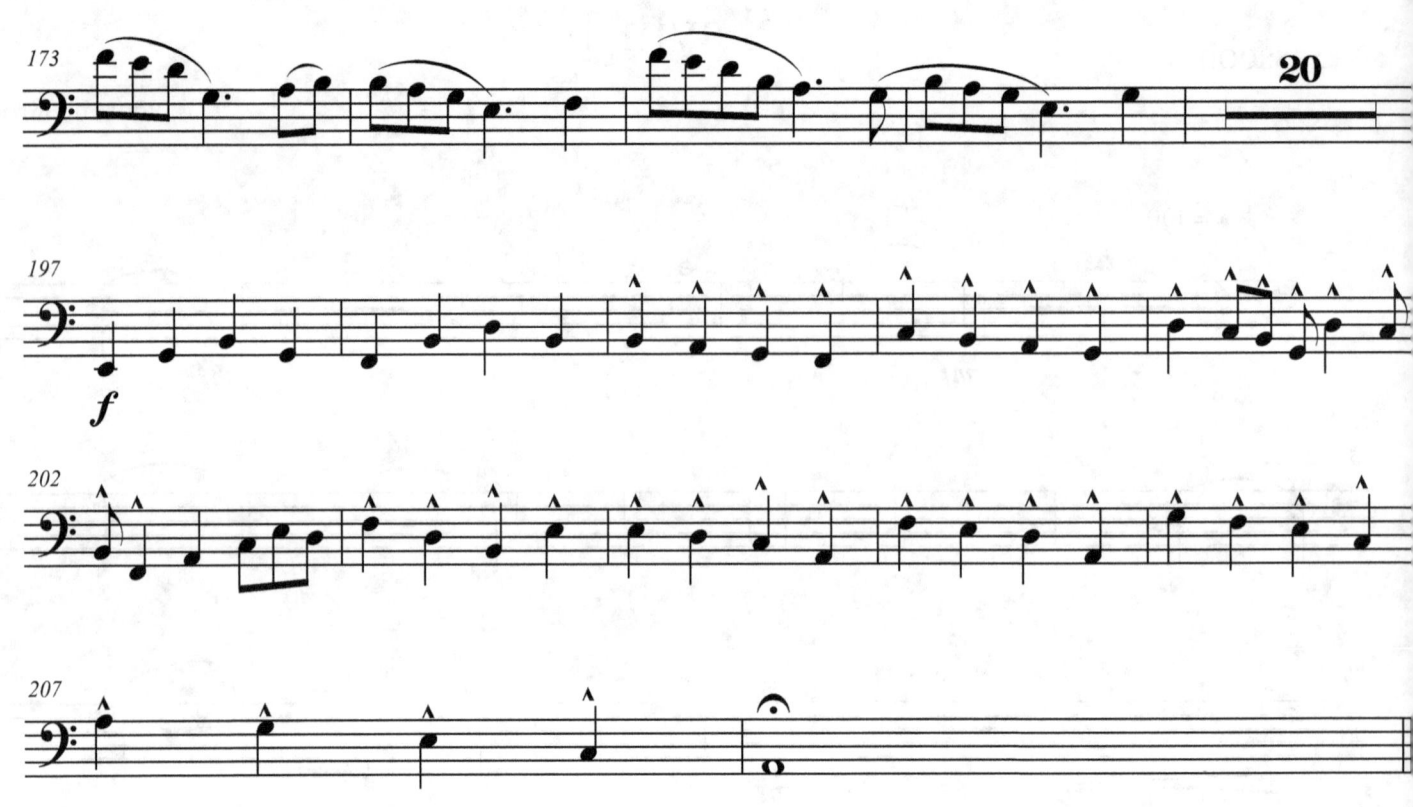

S sym 1

F Horn

Joost de Groot

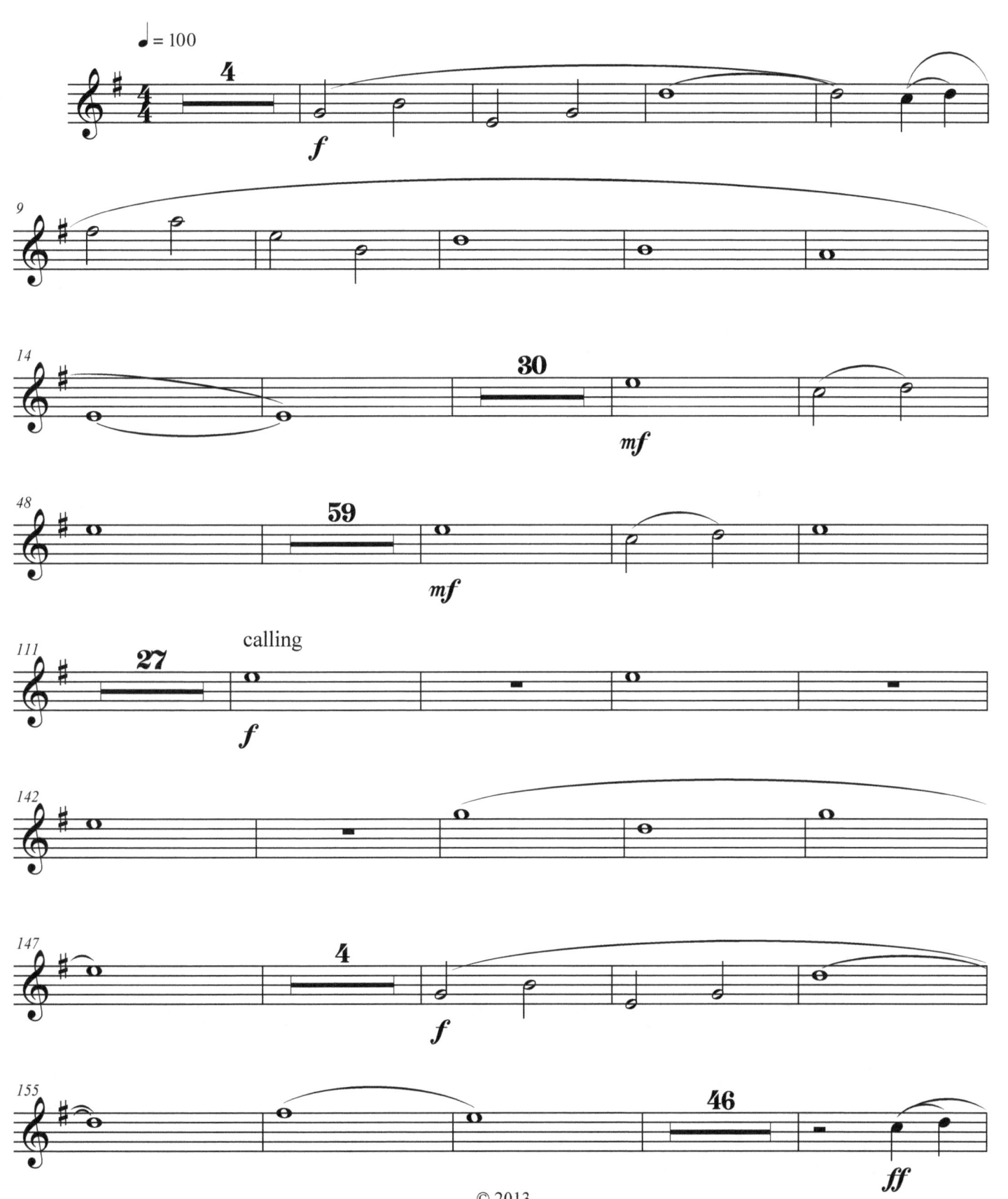

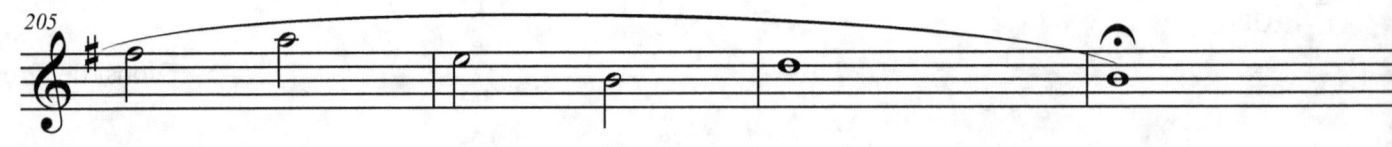

S sym 1

Bes Trumpet

Joost de Groot

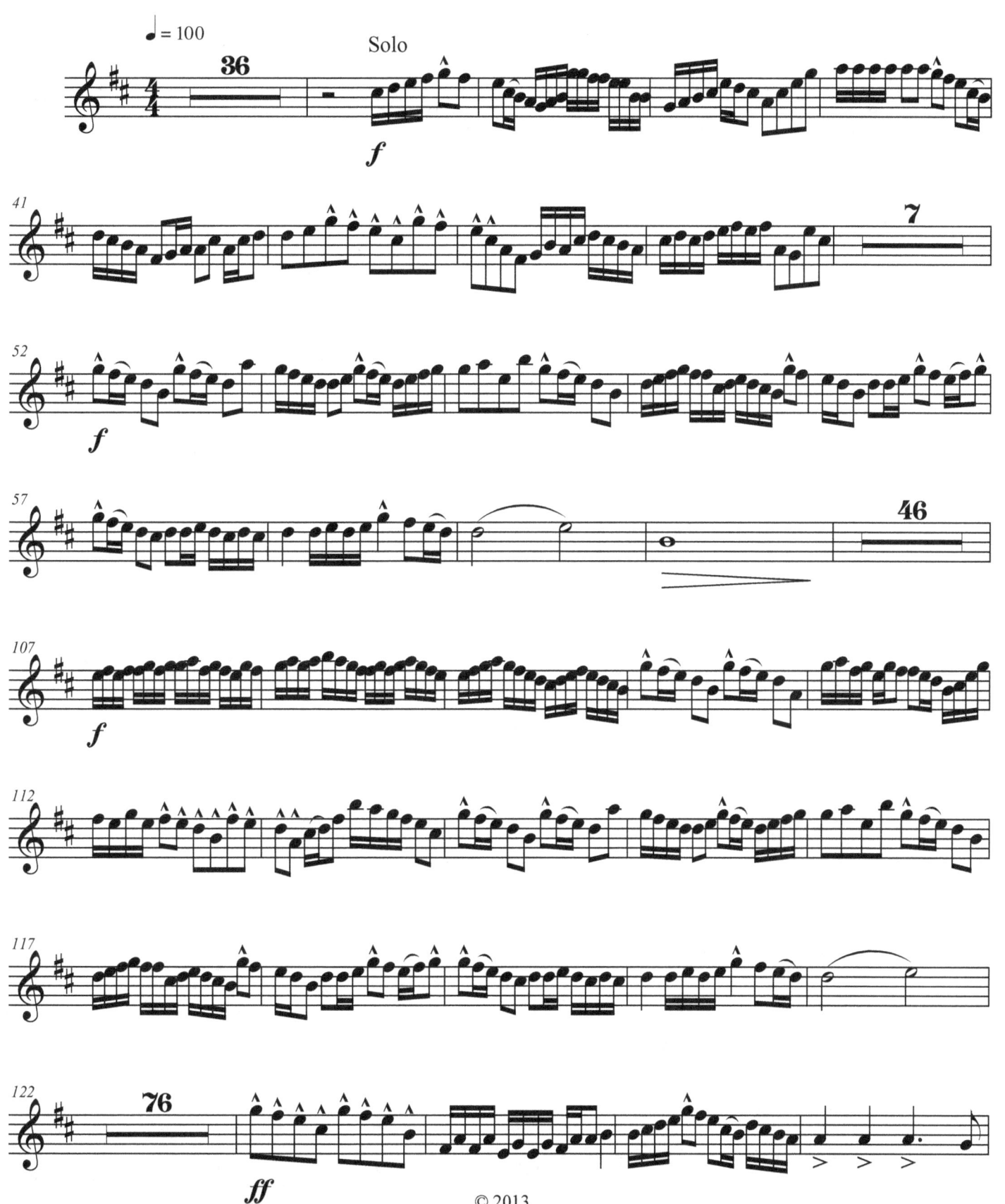

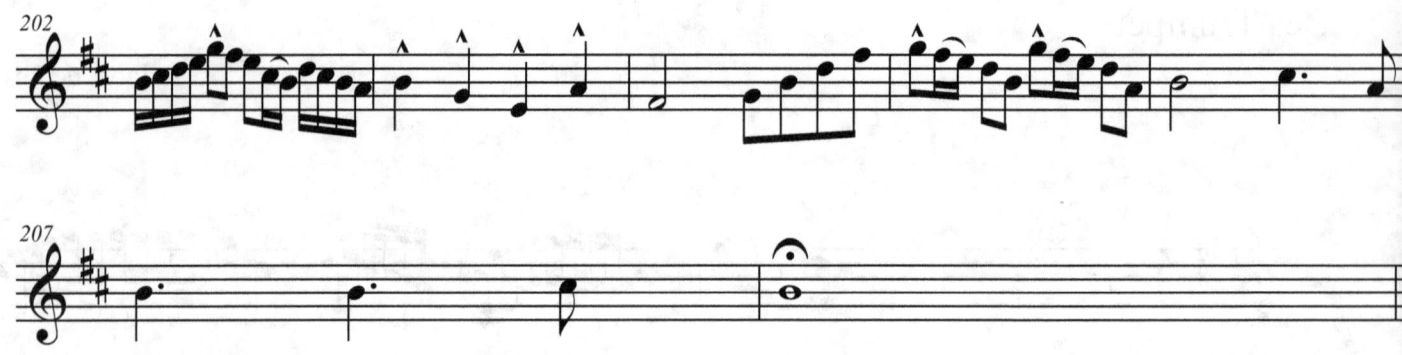

S sym 1

Percussion

Joost de Groot

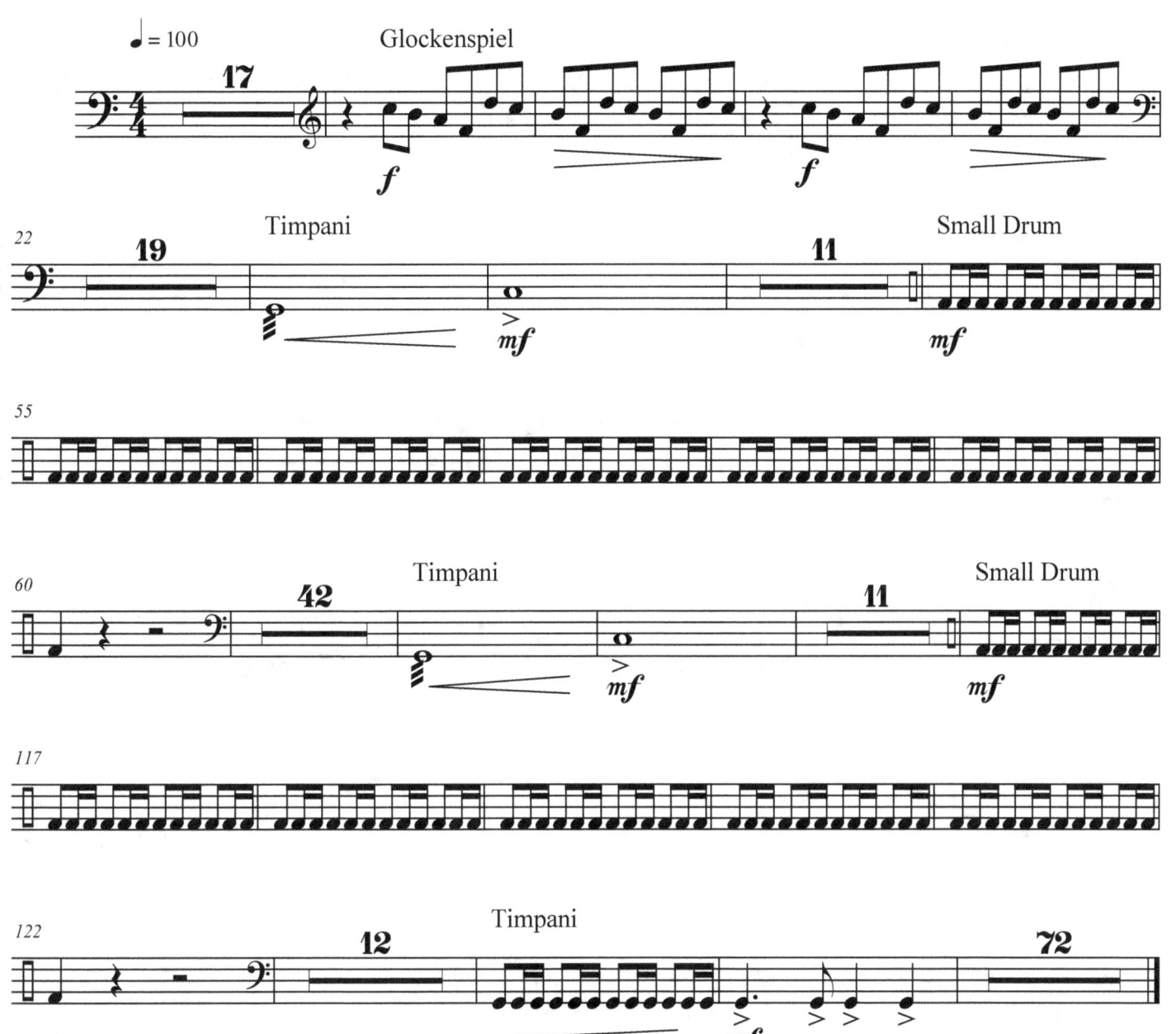

S sym 1

Violin I

Joost de Groot

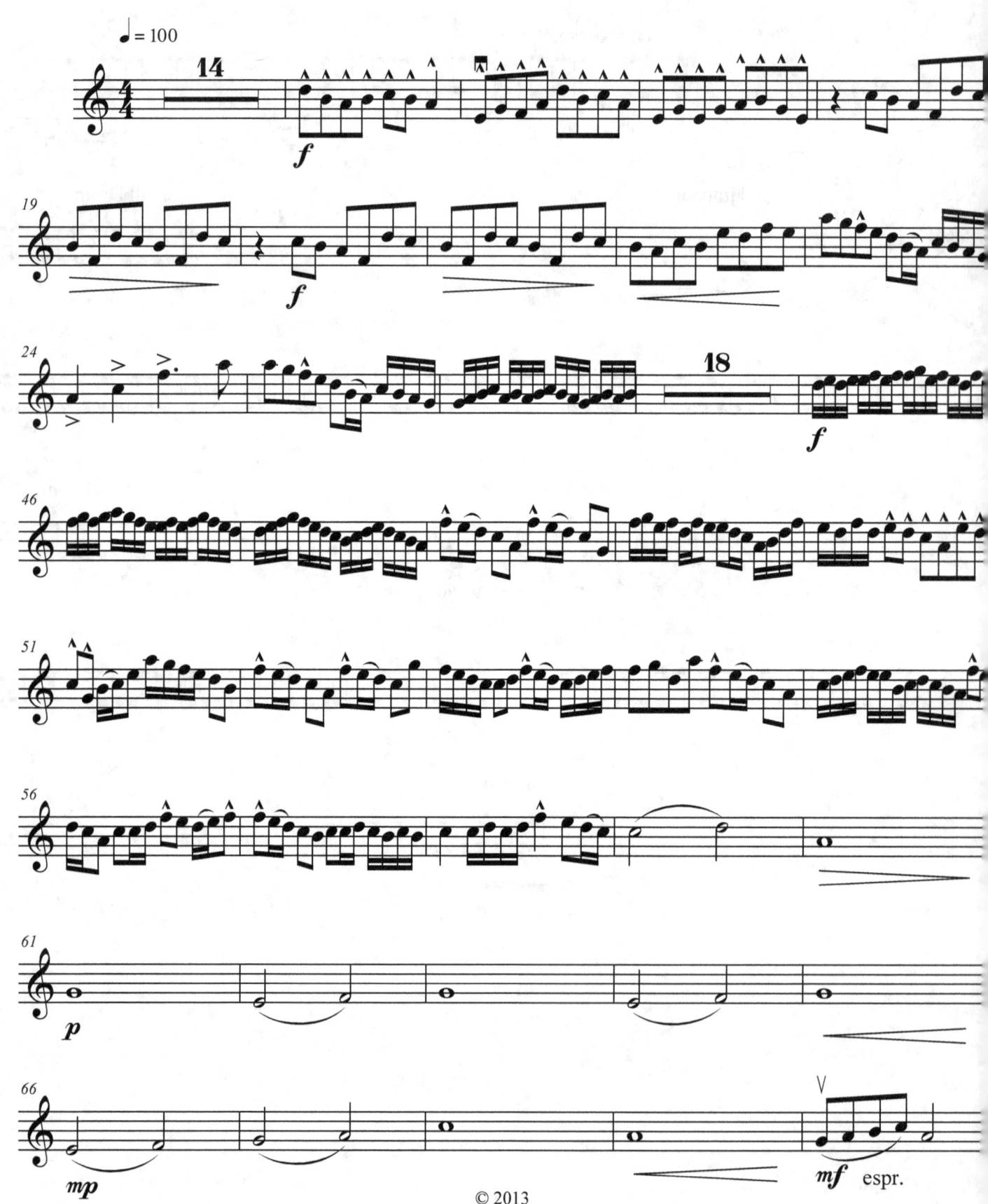

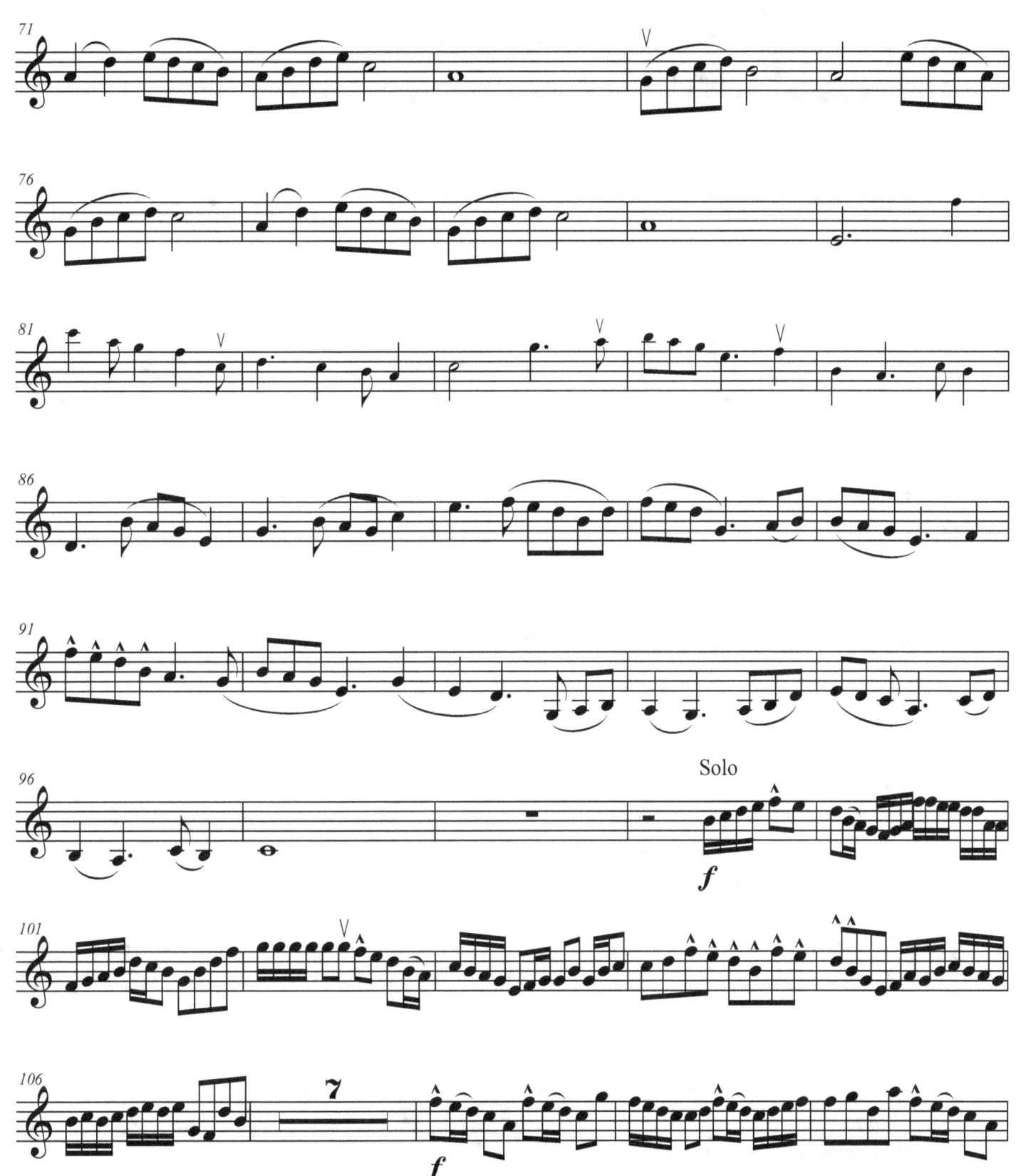

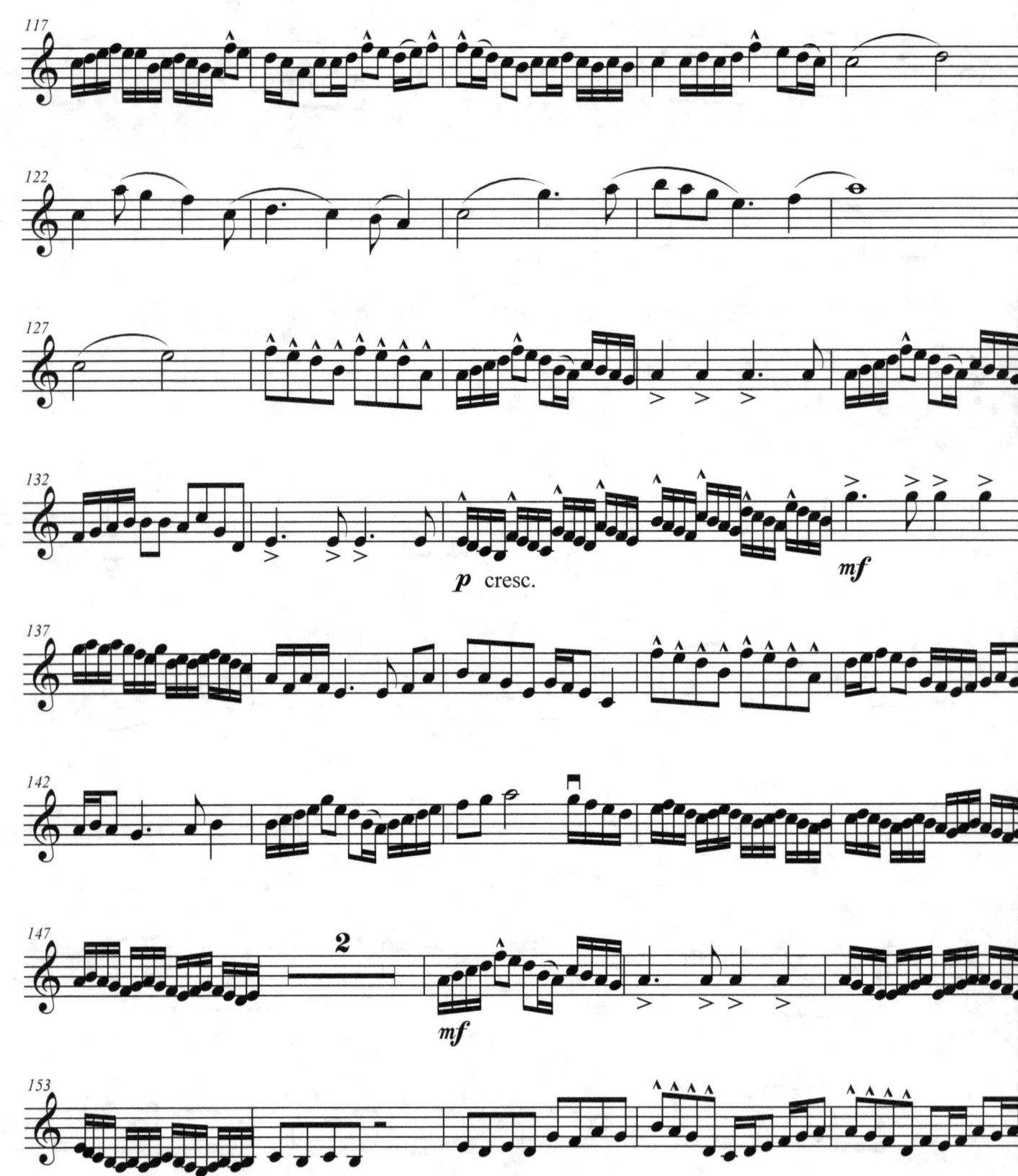

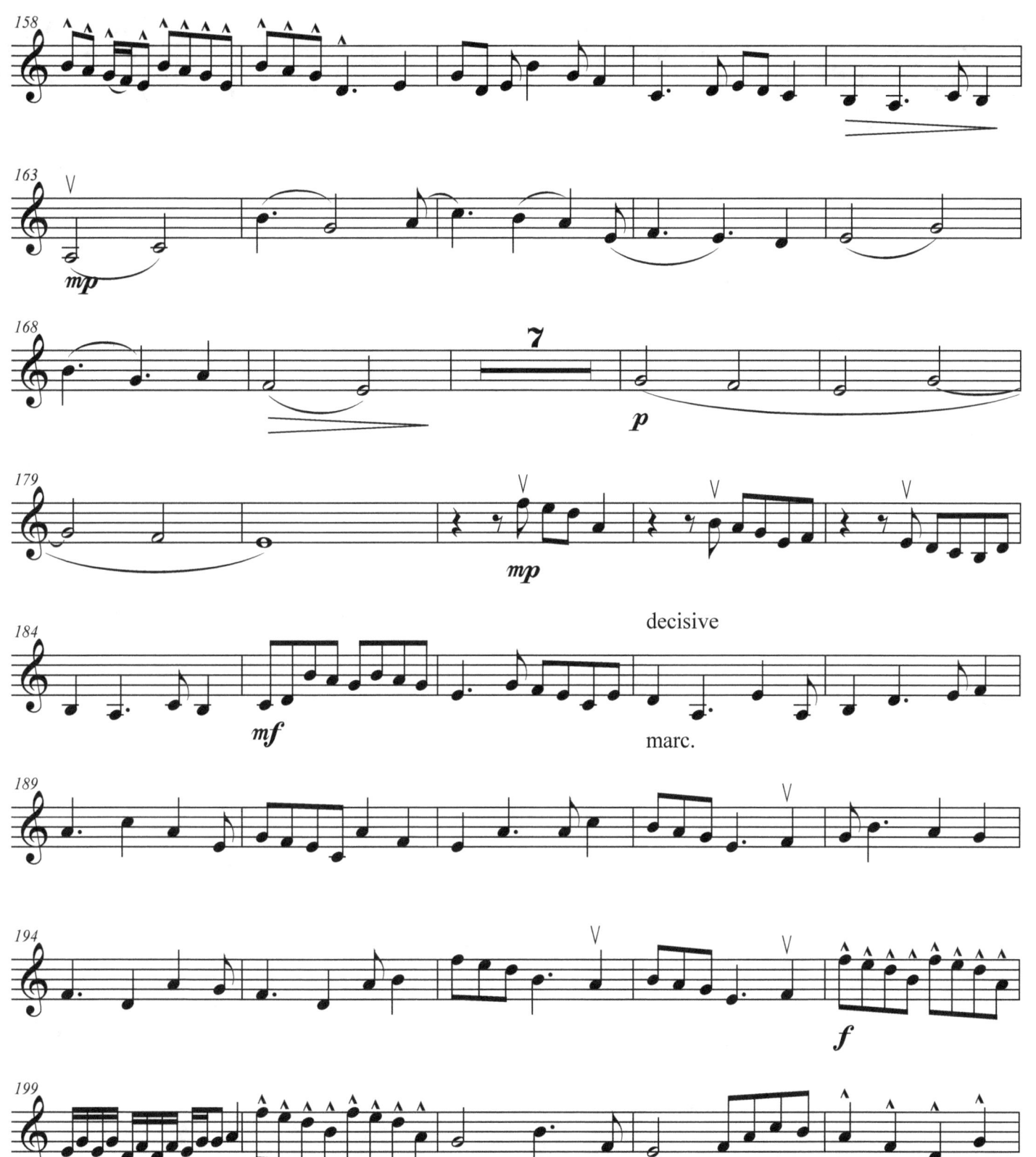

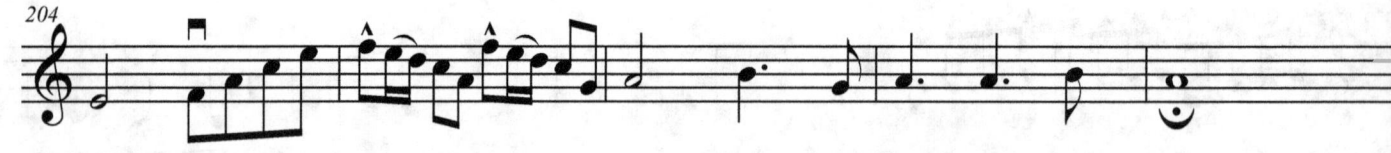

S sym 1

Violin II

Joost de Groot

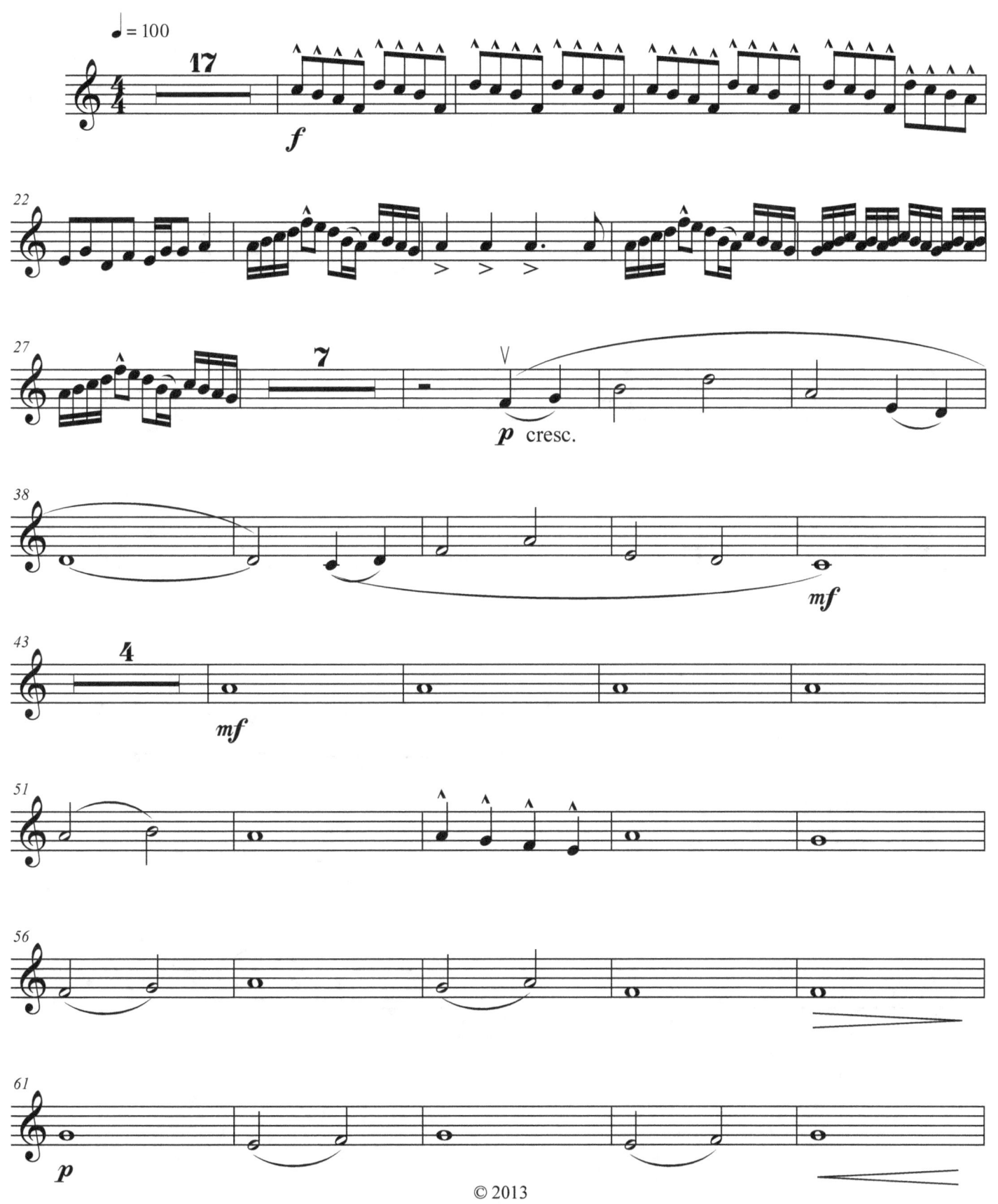

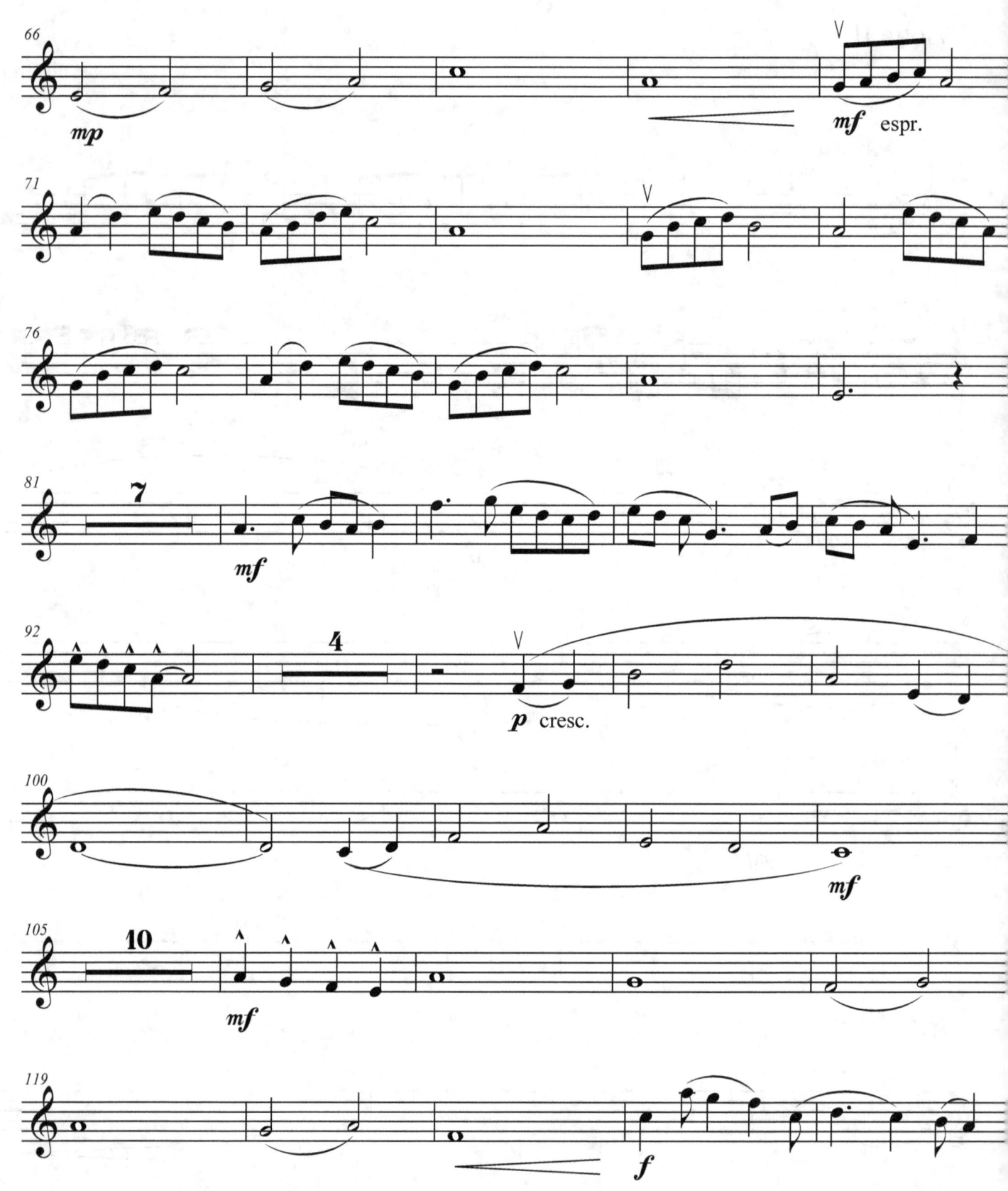

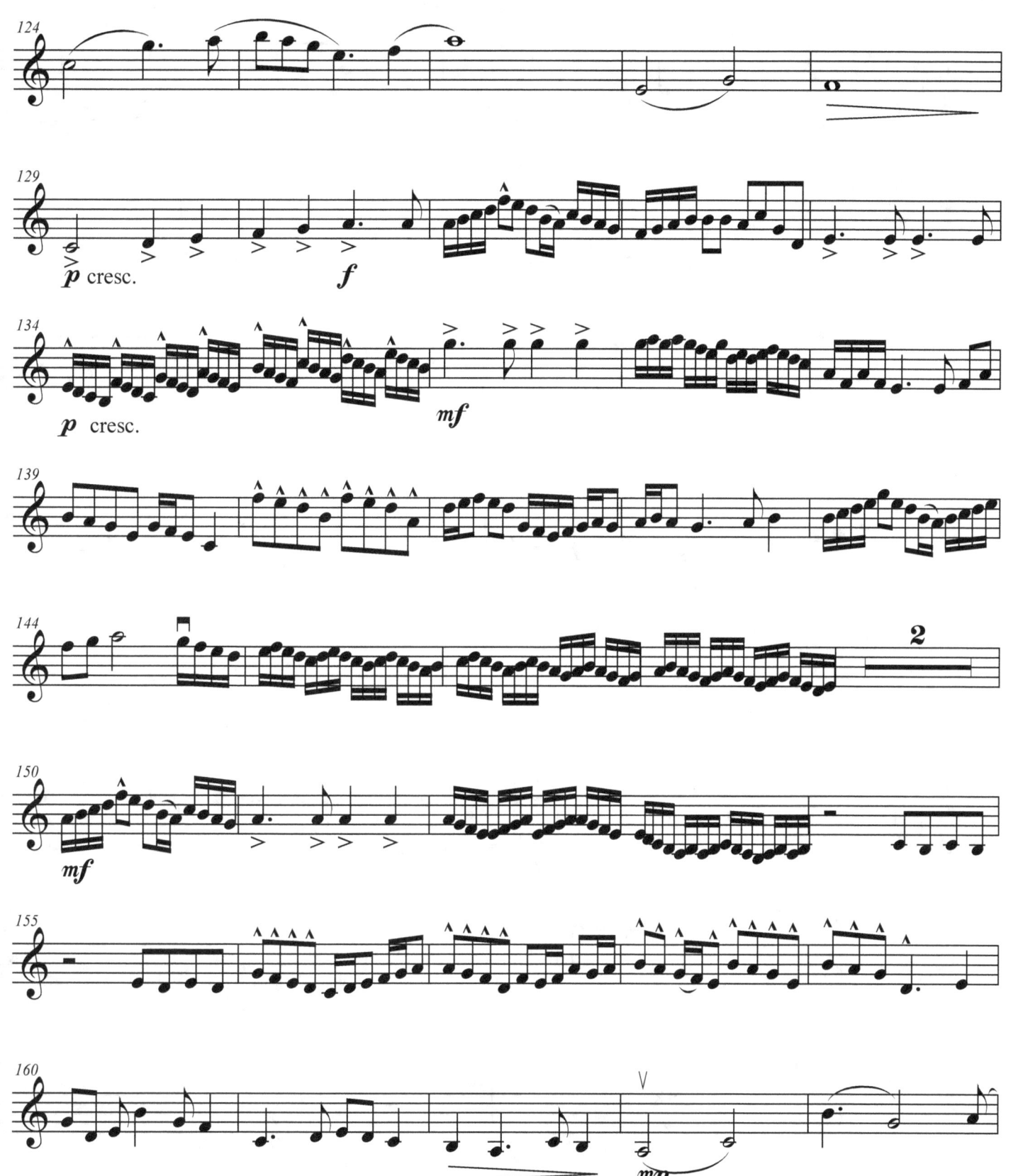

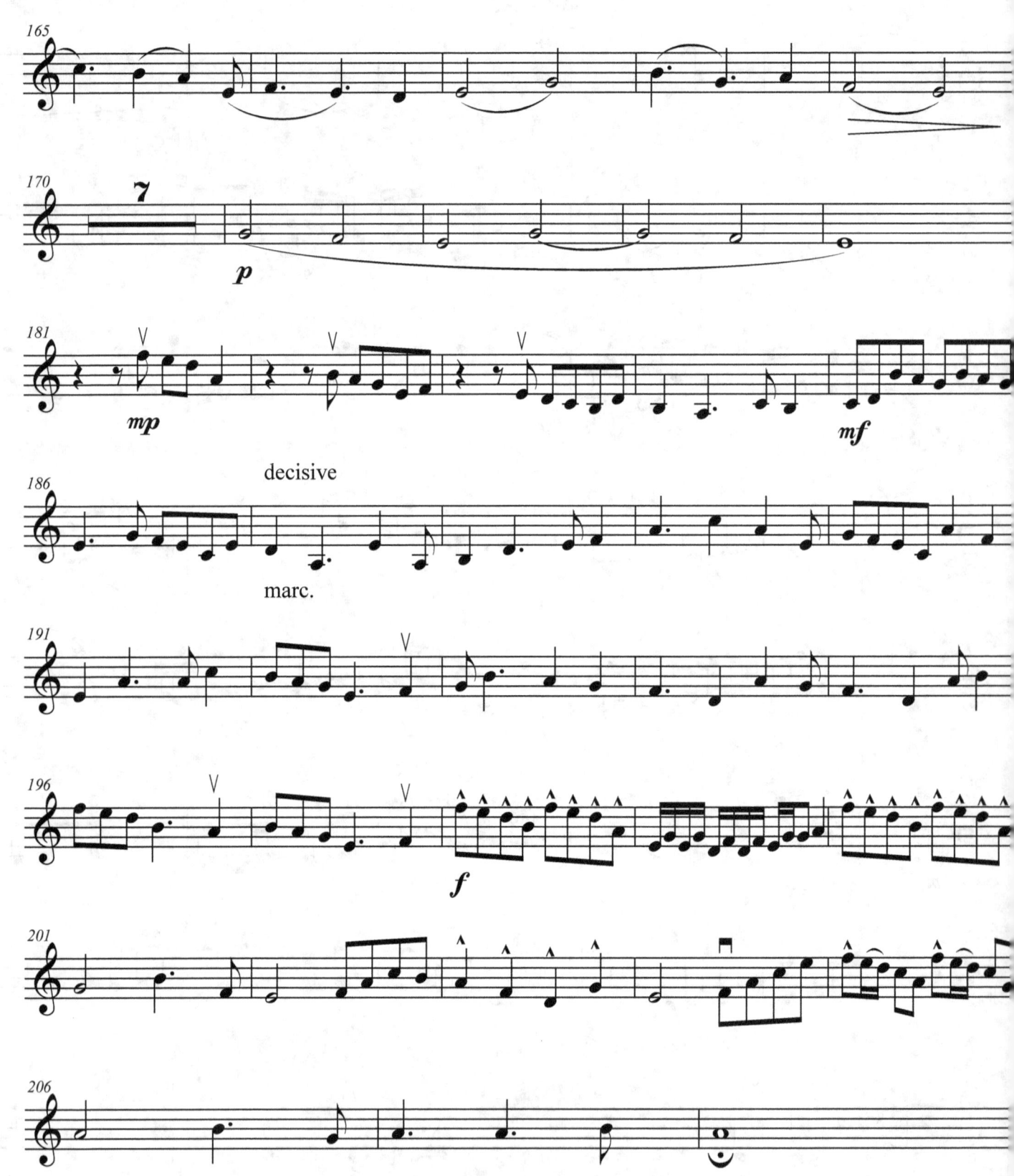

S sym 1

Viola

Joost de Groot

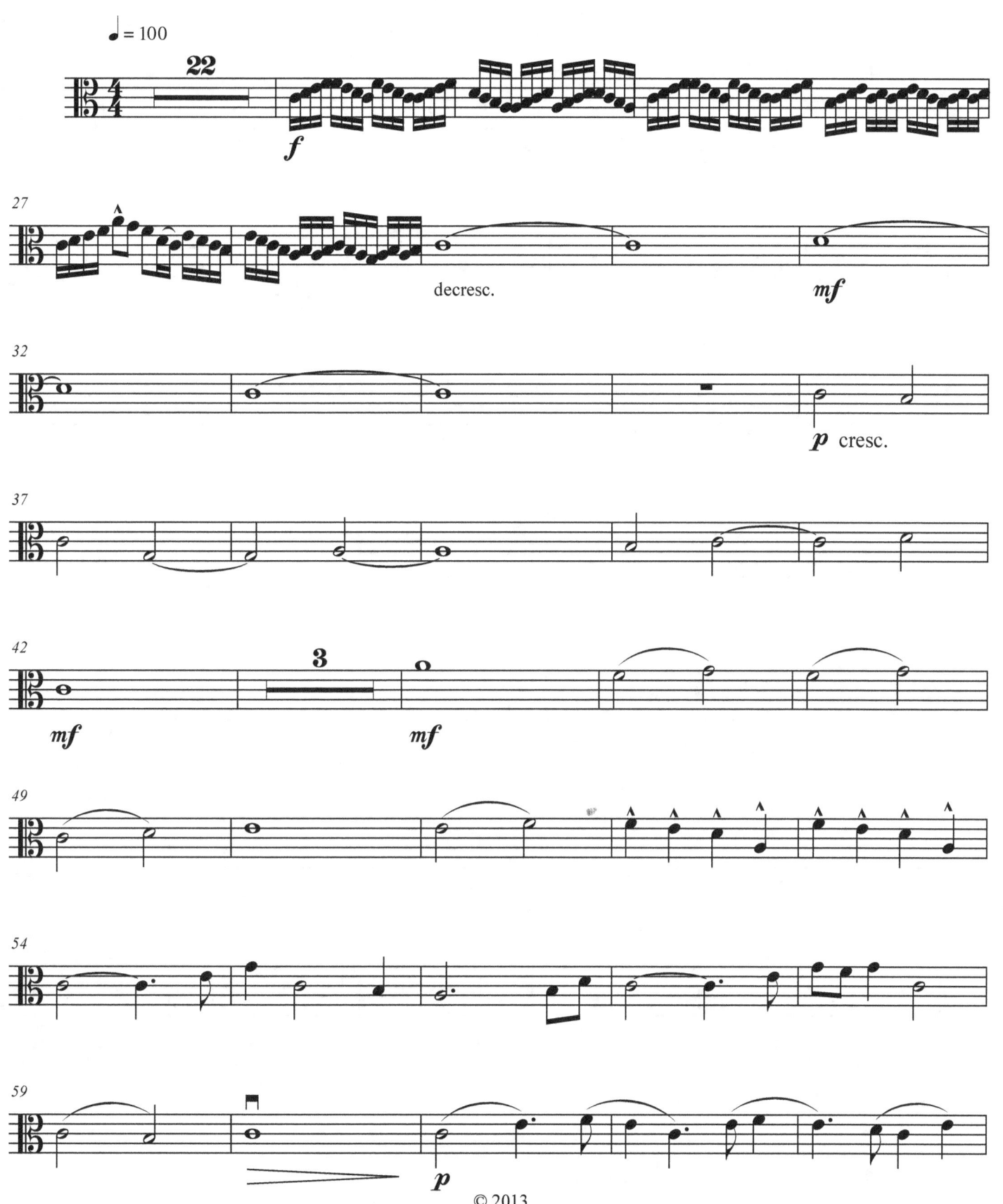

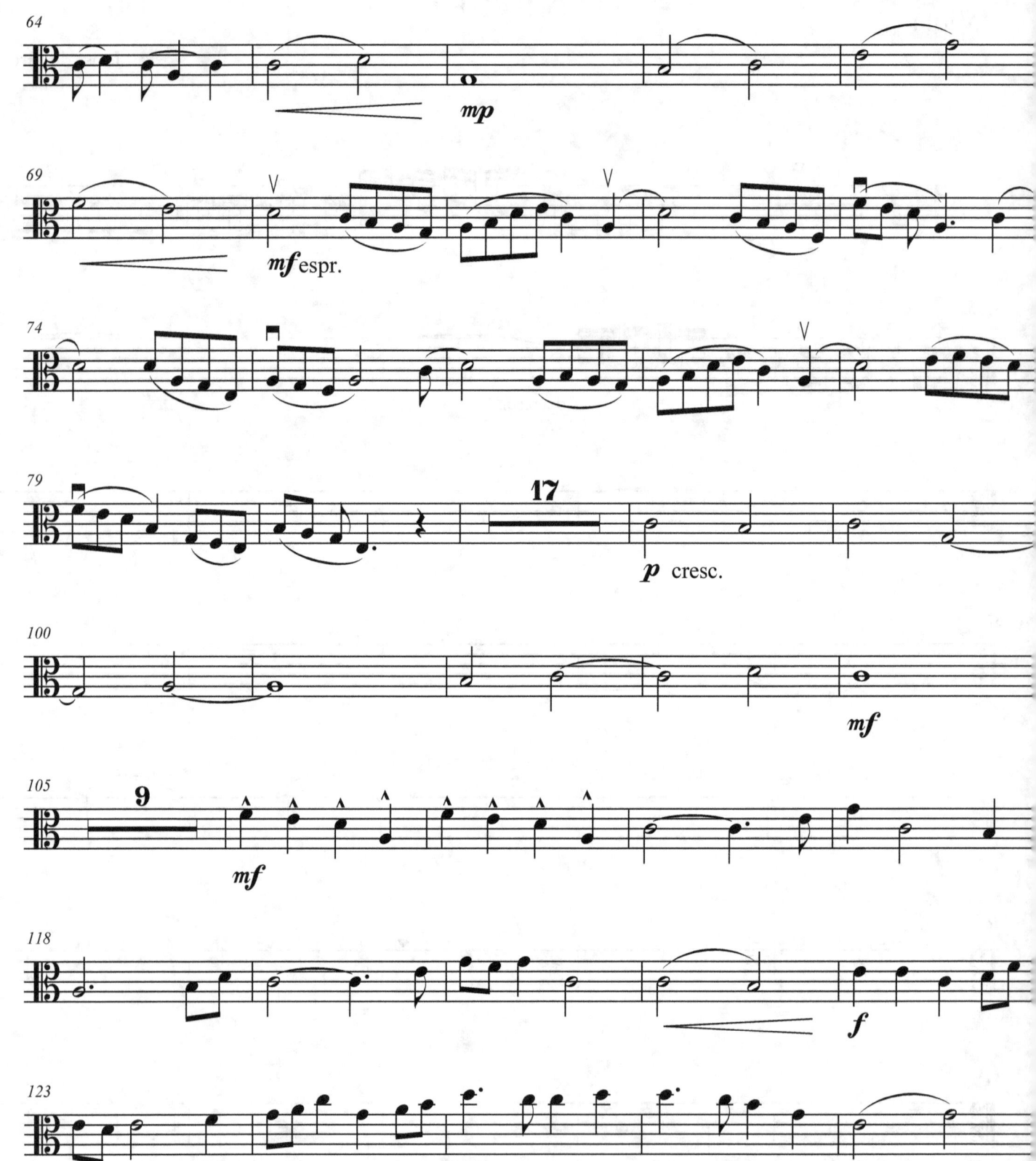

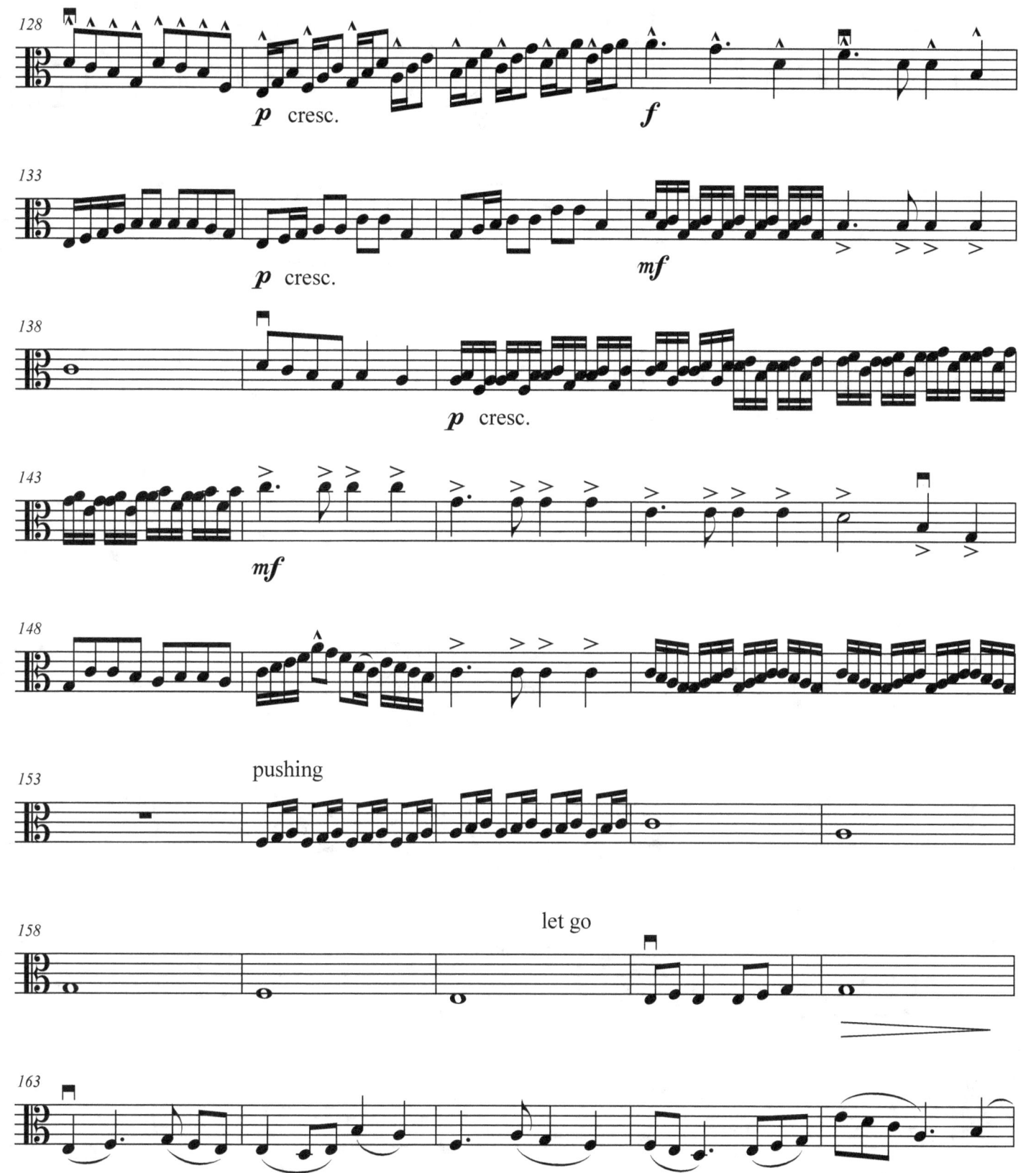

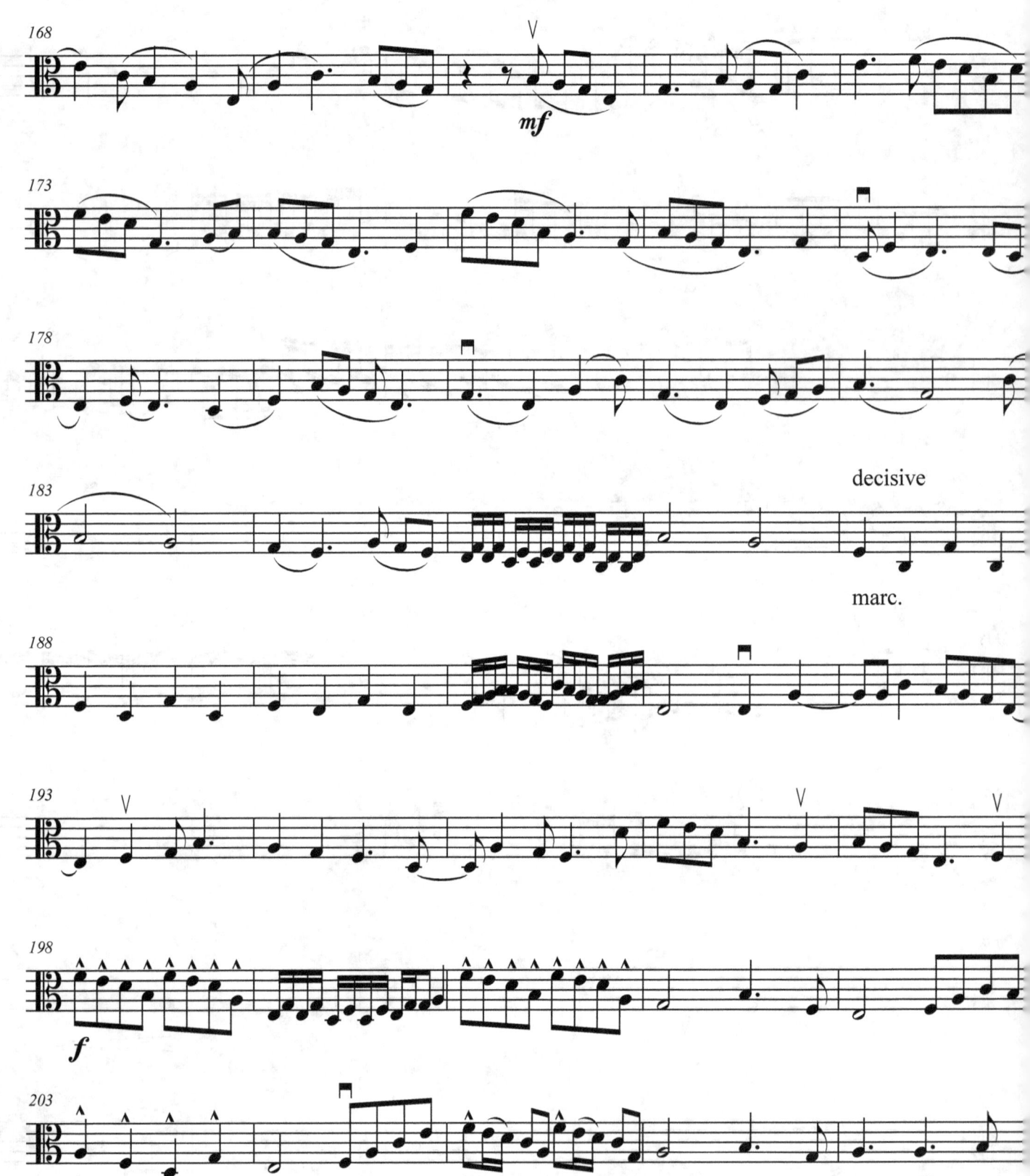

S

208

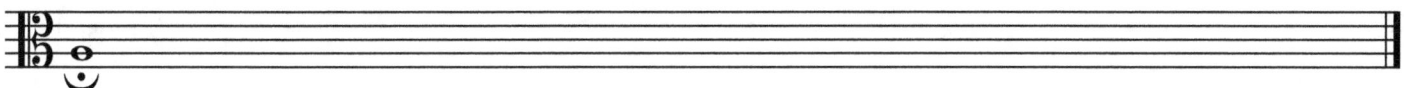

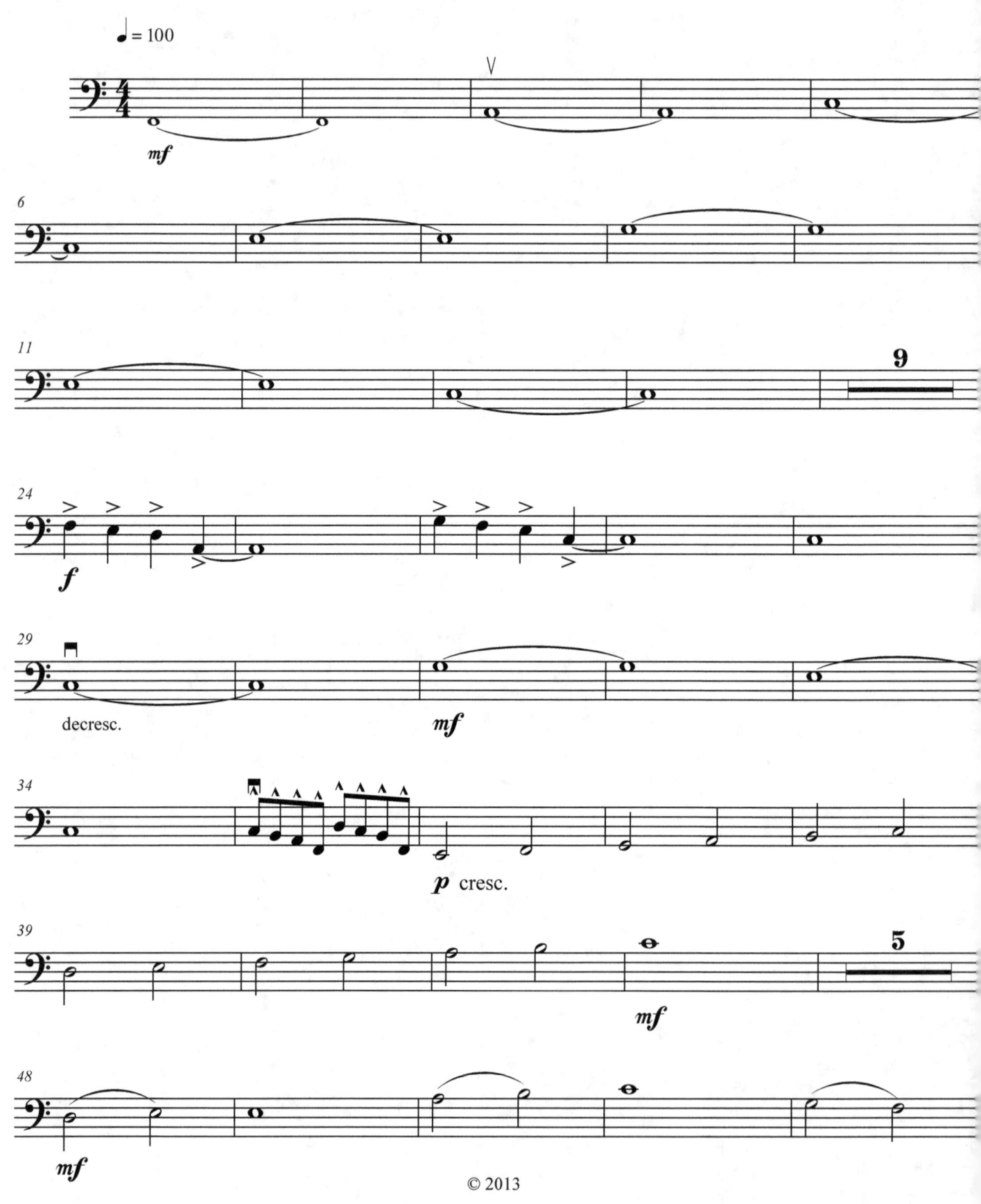

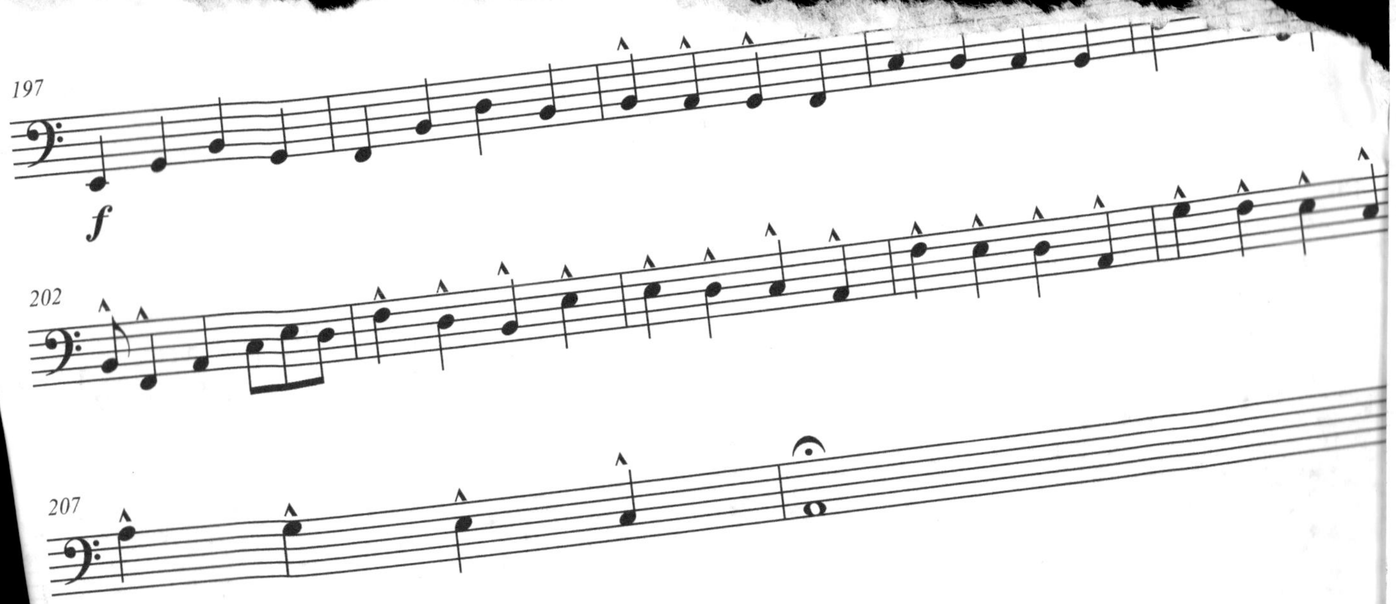

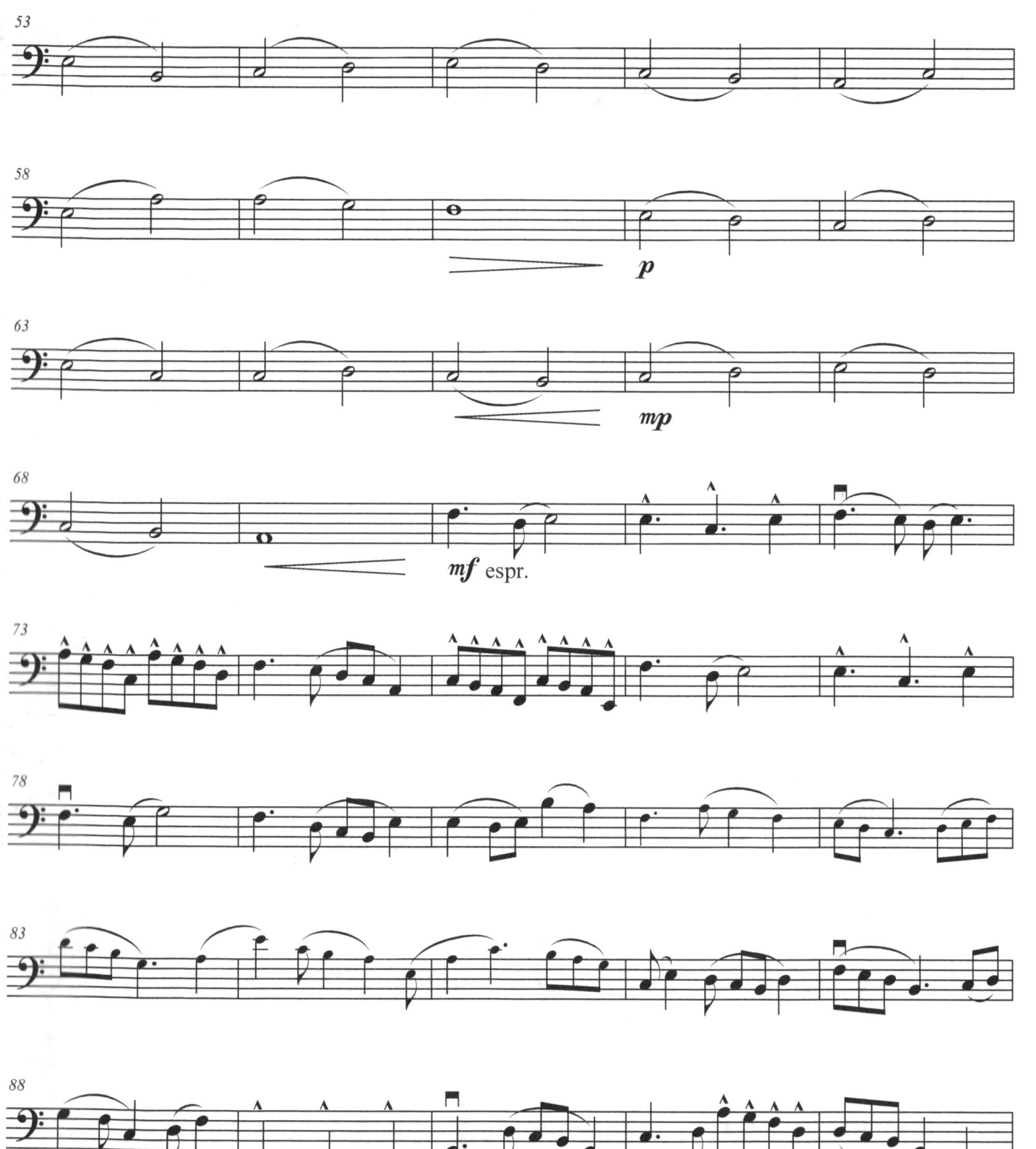

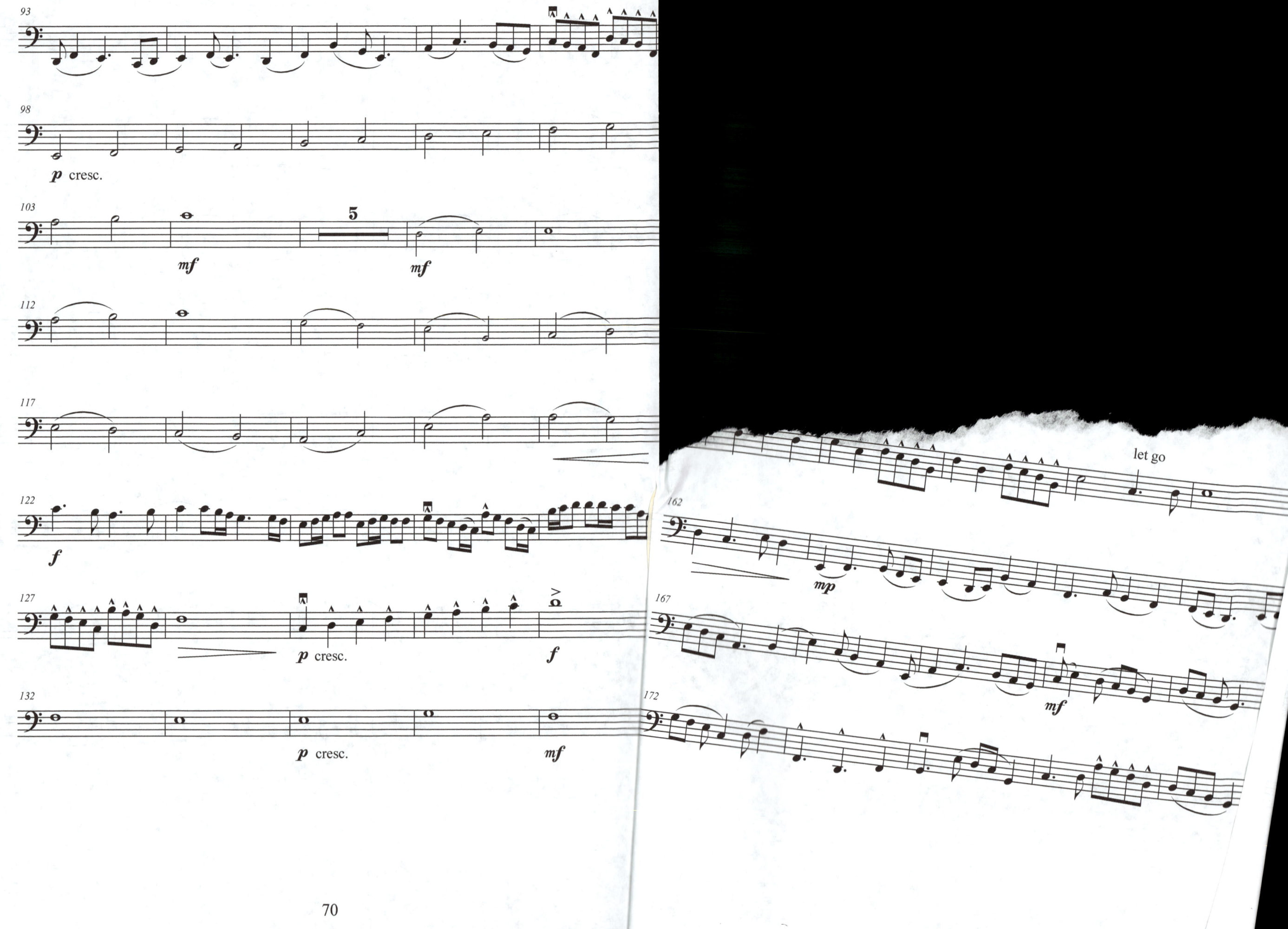

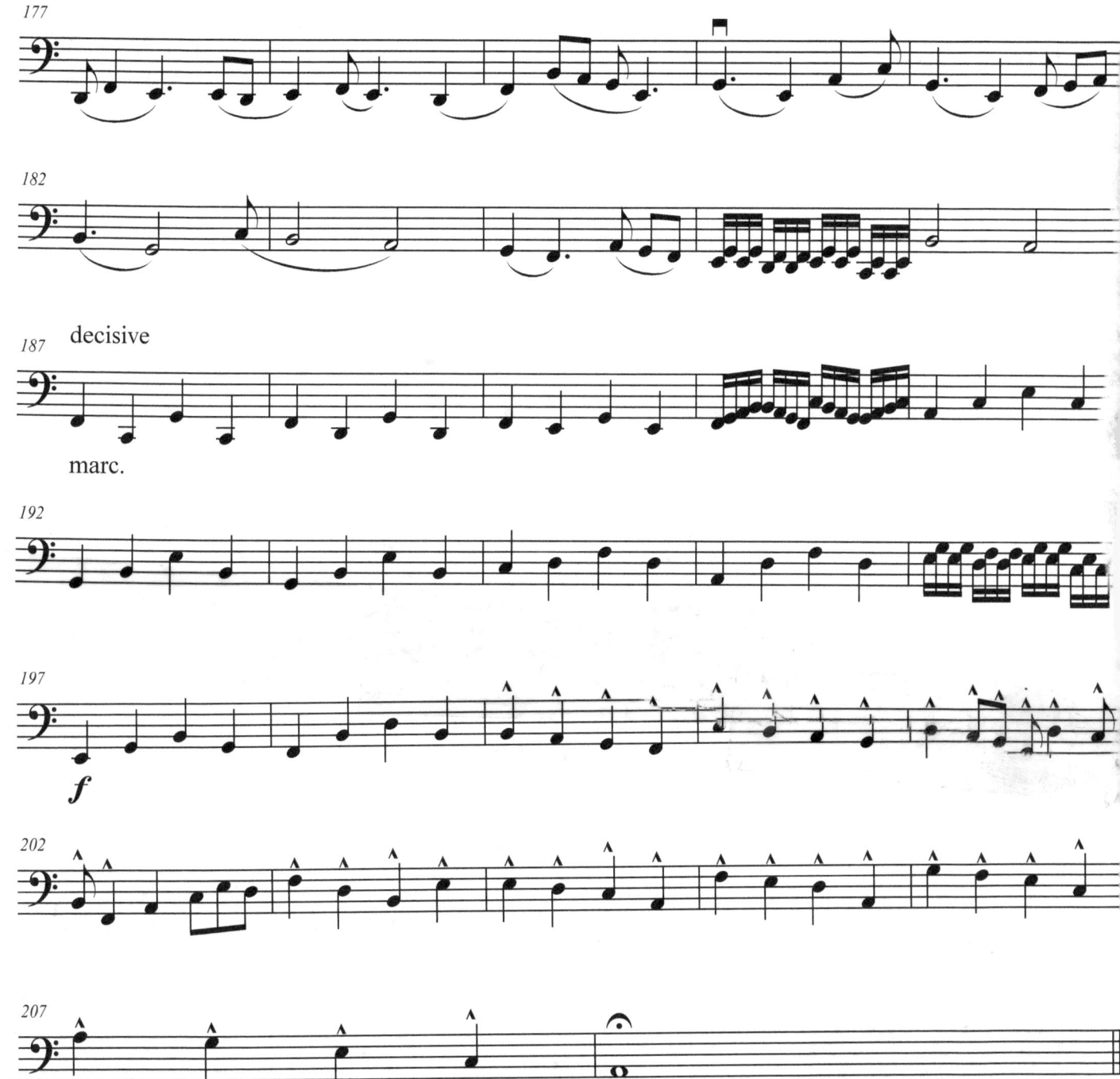

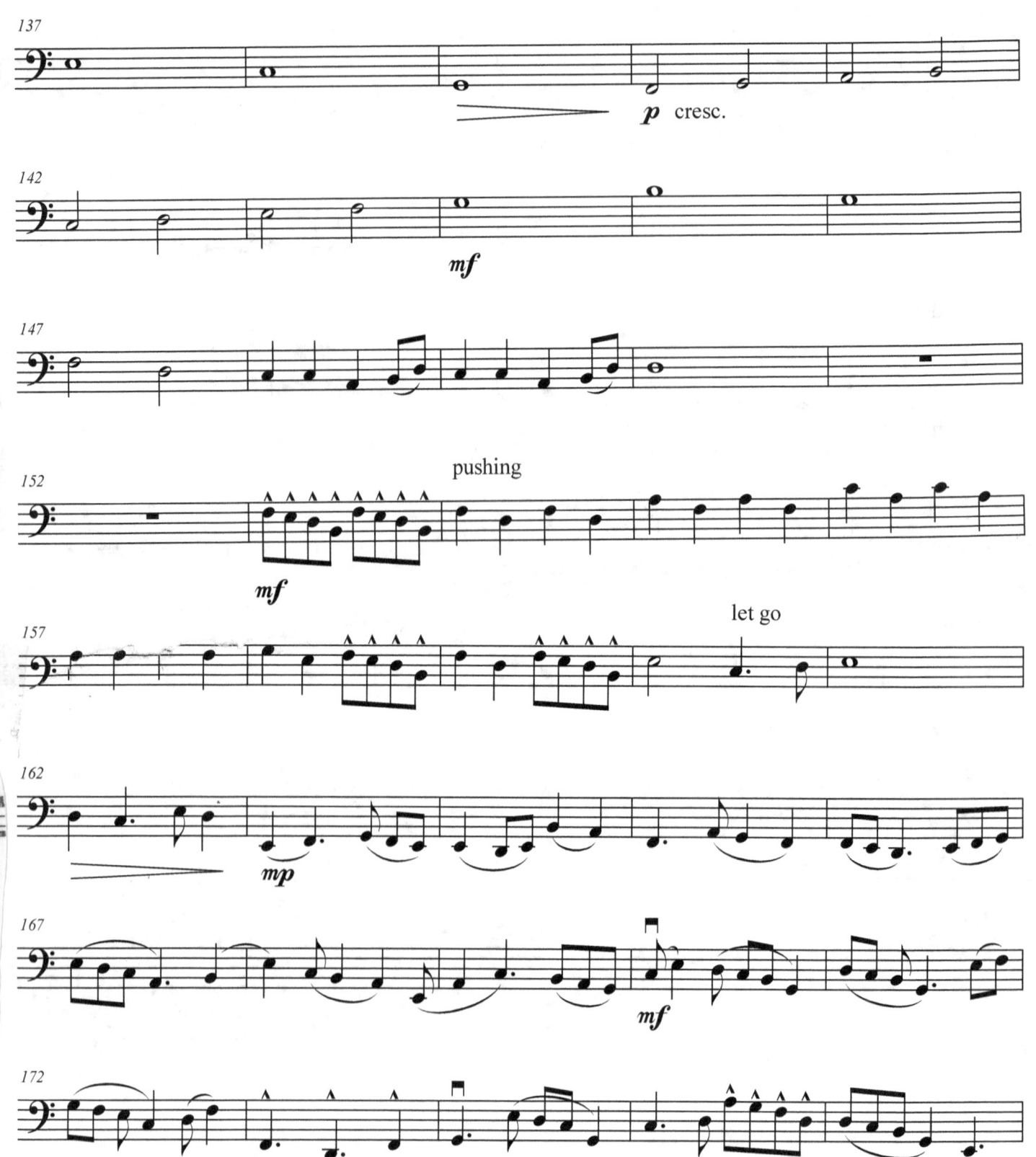

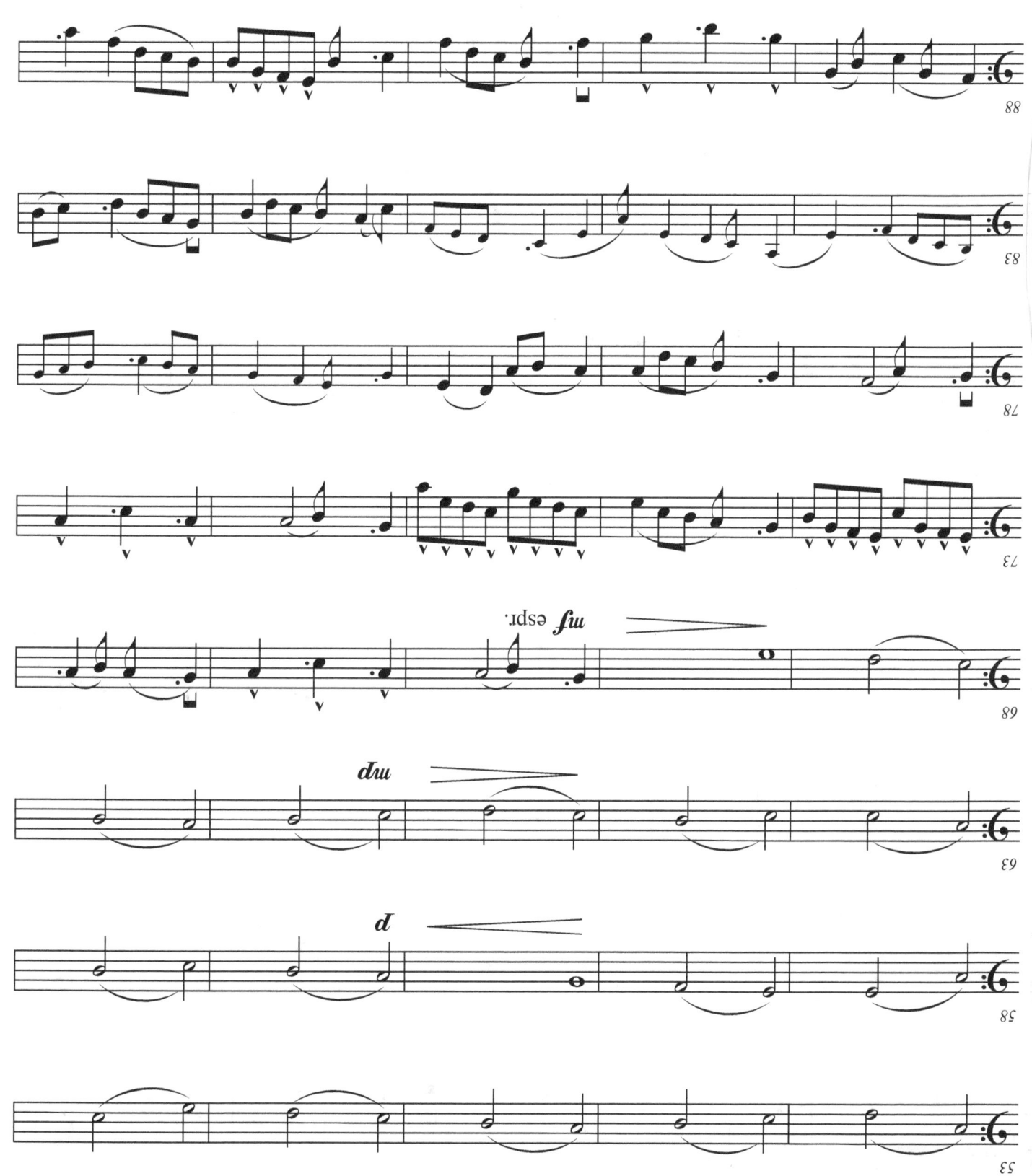

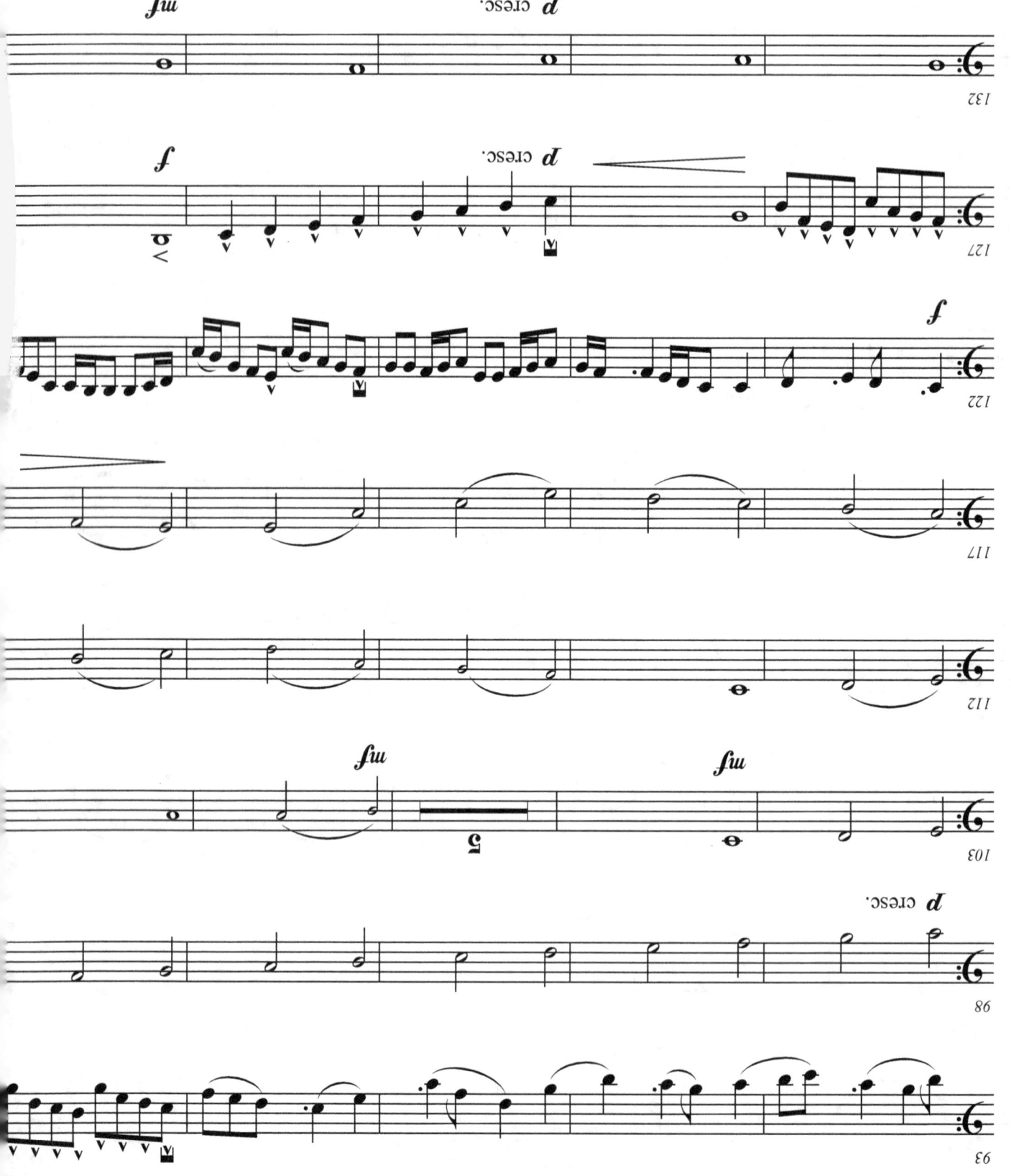

S sym 1

Contrabass

Joost de Groot

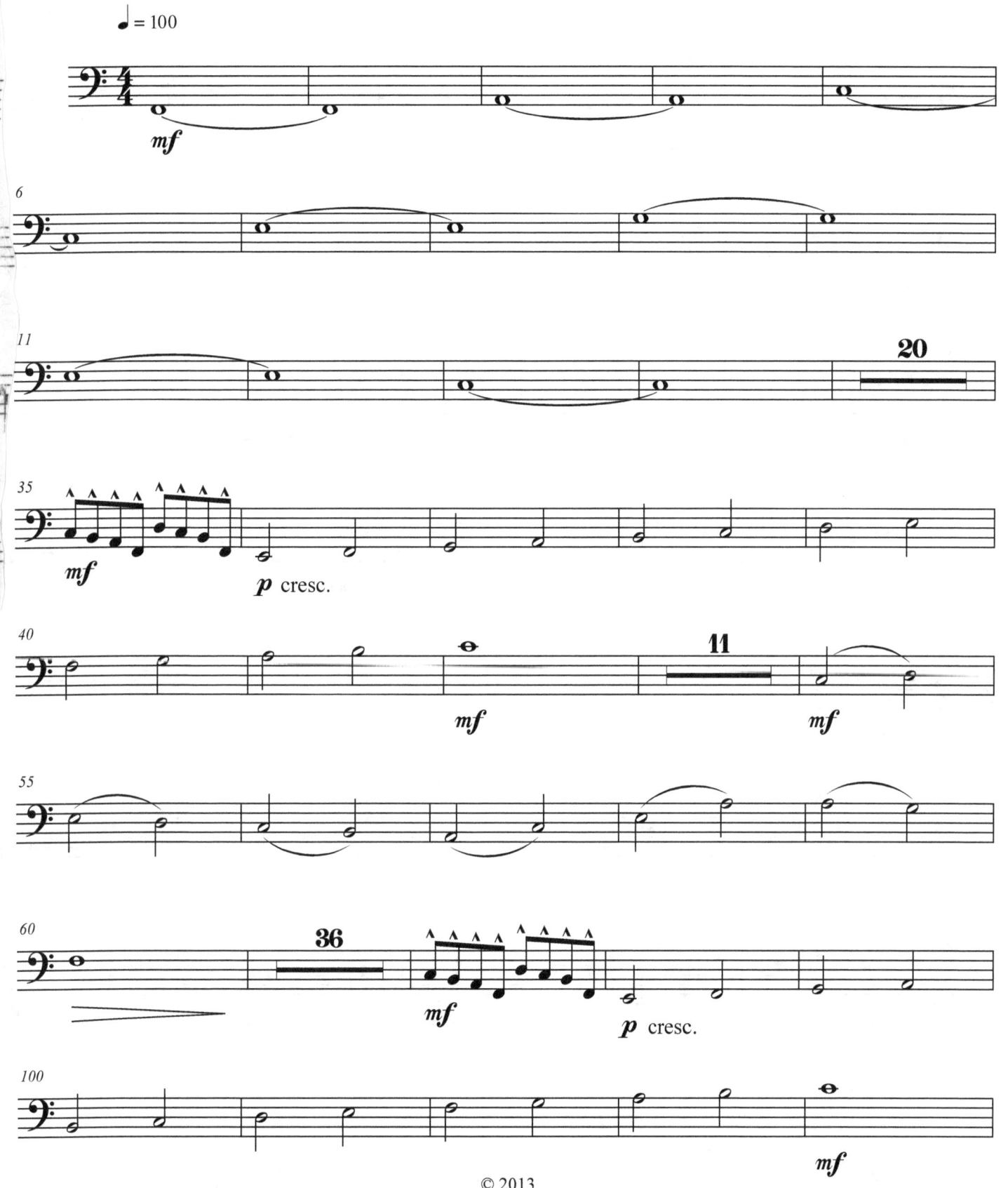

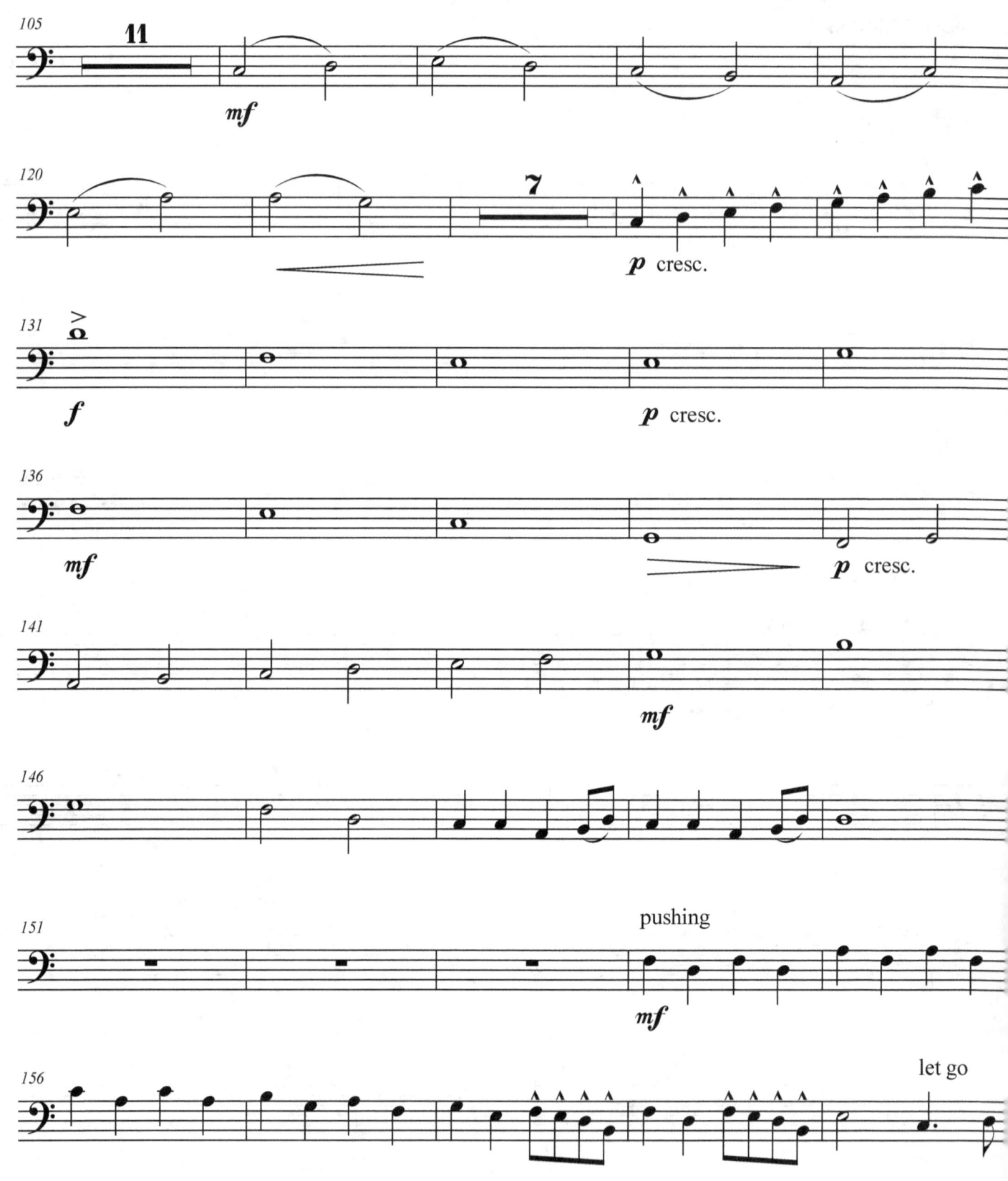

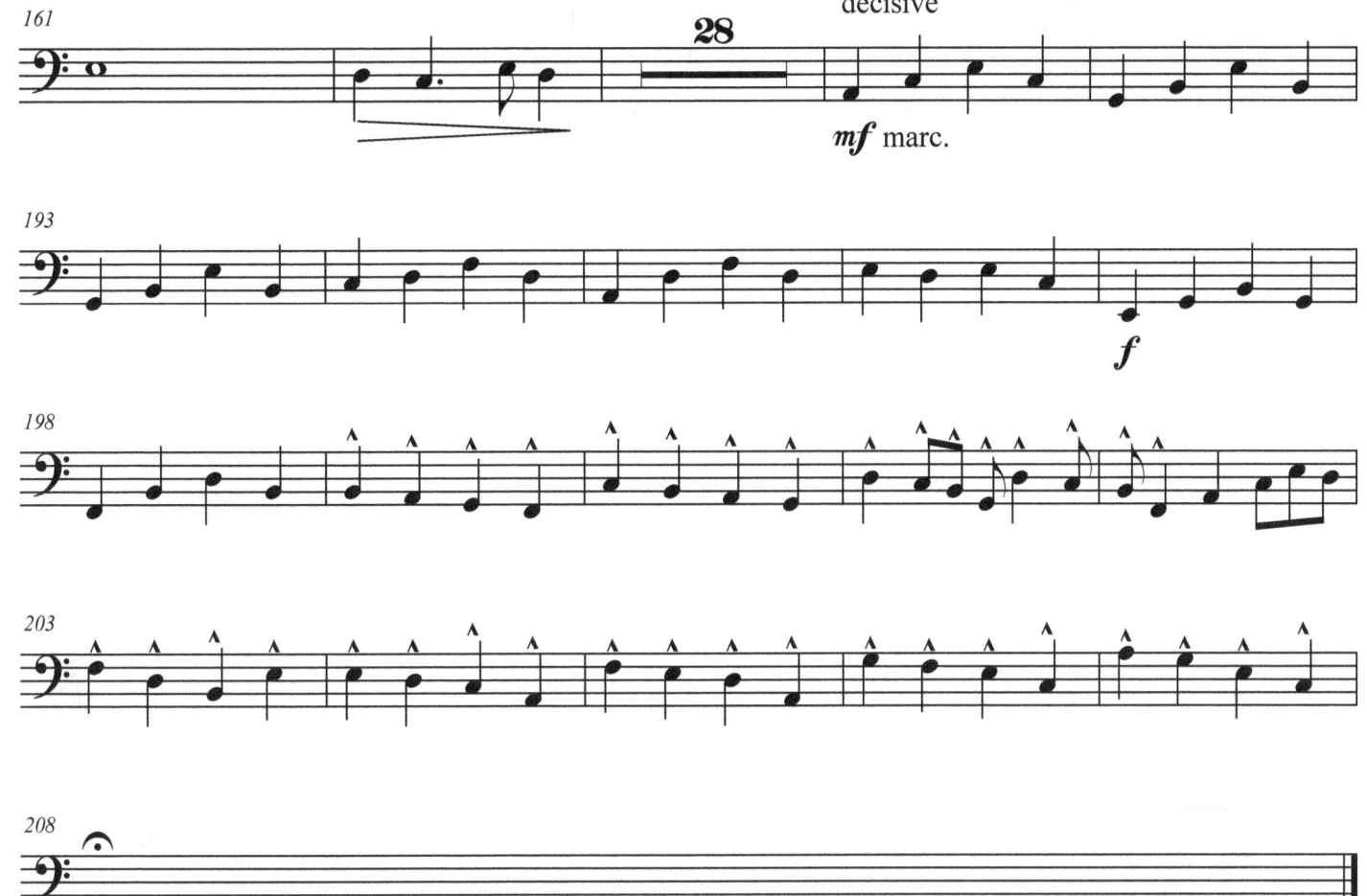

www.ingramcontent.com/pod-product-compliance
Lightning Source LLC
Chambersburg PA
CBHW081814220526
45470CB00006B/2310